A Doutrina Feita Carne

A Doutrina Feita Carne

Fé e a Gramática do Amor

sob a supervisão de
K. Steve McCormick

Essenciais Teológicos

DTL

©Digital Theological Library 2025
©Biblioteca Teológica Digital 2025

Library of Congress Cataloging-in-Publication Data Dados de
Catalogação na Publicação da Biblioteca do Congresso del Congreso

K. Steve McCormick (criador).
[Doctrine Made Flesh: Faith and the Grammar of Love/ K. Steve
McCormick]
A Doutrina Feita Carne: Fé e a Gramática do Amor / K. Steve
McCormick

141 + xvi pp. cm. 12.7 x 20.32 (inclui bibliografia)
ISBN 979-8-89731-960-2 (imprimir livro)
ISBN 979-8-89731-194-1 (livro eletrônico)
ISBN 979-8-89731-207-8 (Kindle)
    1. Teologia doutrinária
    2. Fé — Cristianismo
    3. Amor — Aspectos religiosos — Cristianismo
BT750 .M36 .x167 2025

Este livro está disponível em vários idiomas em
www.DTLPress.com

Imagem da capa: "A Nova Criação" foi criada por K. Steve McCormick,
utilizando inteligência artificial (IA).

Com Gratidão

Dou graças pela energia do amor infinito e vulnerável de Deus que me manteve caminhando no caminho que começa em Deus e que está sempre retornando ao lar em Deus.

Sou indizivelmente grato pelo vínculo do Espírito, por minha visão de formosura, Tricia, minha alma gêmea e melhor amiga. O amor dela tem sido como o beijo suave das borboletas, adoçando meu olhar e afinando meu coração. Sua voz tem sido como o canto dos beija-flores soltos no jardim a cada batida de suas asas; ela me presenteou com uma melodia de graça, intensa e frágil, fiel e livre.

Ela manteve meus pés no chão quando minha voz se elevava em fogo. Ela salvou este contador da verdade mais de uma vez das feridas daqueles que temiam o que não podiam ver. O amor dela ainda me sustenta.

E aos meus alunos, passados e futuros, que me ensinaram mais do que eu jamais poderia ensinar: obrigado por me mostrarem o rosto de Deus em suas perguntas, em seu assombro, em sua coragem e em sua esperança. Vocês são o cântico da Nova Criação que toma carne.

Sumário

Prefácio da Série
ix

Prefácio do autor
xiii

Introdução
Falar de Amor como a Primeira Palavra da Fé
1

Capítulo Um
Da Comunhão ao Credo
11

Capítulo Dois
A Doutrina como Linguagem da Fé Nascida do Espírito
29

Capítulo Três
Doutrina Encarnada
A Igreja como Confissão Viva de Fé
43

Capítulo Quatro
Doutrina Lembrada
A História Que Molda a Igreja
61

Capítulo Cinco
Doutrina Feita Carne
Formação para o Futuro de Deus
77

Capítulo Seis
Doutrina na Natureza
A Gramática Fiel do Amor em um Mundo Fragmentado e o
Futuro de Deus
107

Epílogo
Um conto de advertência
123

Poslúdio
Não causar danos
129

Uma bibliografia selecionada
135

Prefácio da série

A Inteligência Artificial (IA) está mudando tudo, incluindo a bolsa de estudos e a educação teológica. Esta série, *Livros Essenciais Teológicos* (Theological Essentials), foi criada para trazer o potencial criativo da IA para o campo da educação teológica. No modelo tradicional, um acadêmico com domínio do discurso acadêmico e um histórico de ensino bem-sucedido em sala de aula gastaria vários meses — ou até mesmo vários anos — escrevendo, revisando e reescrevendo um texto introdutório que seria então transferido para uma editora que também investia meses ou anos em processos de produção. Embora o produto final fosse tipicamente bastante previsível, esse processo lento e caro fez com que os preços dos livros didáticos disparassem. Como resultado, os alunos em países desenvolvidos pagaram mais do que deveriam pelos livros e os alunos em países em desenvolvimento normalmente não tinham acesso a esses livros didáticos (de custo proibitivo) até que eles aparecessem como descartes e doações décadas depois. Em gerações anteriores, a necessidade de garantia de qualidade — na forma de geração de conteúdo, revisão especializada, edição de texto e tempo de impressão — pode ter tornado essa abordagem lenta, cara e excludente inevitável. No entanto, a IA está mudando tudo.

Esta série é muito diferente; é criado por IA. A capa de cada volume identifica o trabalho como "criado sob a supervisão de" um especialista na área. No entanto, essa pessoa não é um autor no sentido tradicional. O criador de cada volume foi treinado pela equipe da DTL no uso de IA e o criador usou IA para criar, editar, revisar e recriar o texto que você vê. Com esse processo de criação claramente identificado, deixe-me explicar os objetivos desta série.

Nossos objetivos:
Credibilidade: Embora a IA tenha feito — e continue a fazer — grandes avanços nos últimos anos, nenhuma IA não supervisionada pode criar um texto de nível universitário ou

de seminário verdadeiramente confiável ou totalmente confiável. As limitações do conteúdo gerado por IA às vezes se originam das limitações do próprio conteúdo (o conjunto de treinamento pode ser inadequado), mas, mais frequentemente, a insatisfação do usuário com o conteúdo gerado por IA surge de erros humanos associados à engenharia de prompts ruim. A DTL Press procurou superar esses dois problemas contratando acadêmicos estabelecidos com experiência amplamente reconhecida para criar livros em suas áreas de especialização e treinando esses acadêmicos e especialistas em engenharia de prompts de IA. Para ser claro, o acadêmico cujo nome aparece na capa desta obra criou este volume — gerando, lendo, regenerando, relendo e revisando a obra. Embora a obra tenha sido gerada (em vários graus) por IA, os nomes de nossos criadores acadêmicos aparecem na capa como uma garantia de que o conteúdo é igualmente confiável com qualquer trabalho introdutório que esse acadêmico/criador escreveria usando o modelo tradicional.

Estabilidade: A inteligência artificial é generativa, o que significa que a resposta a cada solicitação é gerada de forma única para aquele pedido específico. Nenhuma resposta gerada por IA é exatamente igual à outra. A variabilidade inevitável das respostas da IA representa um desafio pedagógico significativo para professores e estudantes que desejam iniciar suas discussões e análises com base em um conjunto comum de ideias. As instituições educacionais precisam de textos estáveis para evitar o caos pedagógico. Estes livros fornecem esse texto estável a partir do qual é possível ensinar, discutir e desenvolver ideias.

Acessibilidade: A DTL Press está comprometida com a ideia de que a acessibilidade não deve ser uma barreira ao conhecimento. Todas as pessoas são igualmente merecedoras do direito de saber e entender. Portanto, versões em e-book de todos os livros da DTL Press estão disponíveis nas bibliotecas da DTL sem custo e disponíveis como livros impressos por uma taxa nominal. Nossos acadêmicos/criadores devem ser agradecidos por sua disposição de abrir mão dos acordos tradicionais de royalties.

(Nossos criadores são compensados por seu trabalho generativo, mas não recebem royalties no sentido tradicional.) *Acessibilidade:* A DTL Press gostaria de disponibilizar livros didáticos introdutórios de alta qualidade e baixo custo para todos, em qualquer lugar do mundo. Os livros desta série são imediatamente disponibilizados em vários idiomas. A DTL Press criará traduções em outros idiomas mediante solicitação. As traduções são, é claro, geradas por IA.

Nossas limitações reconhecidas:
Alguns leitores estão, sem dúvida, pensando, "mas a IA só pode produzir bolsa de estudos derivada; a IA não pode criar bolsa de estudos original e inovadora." Essa crítica é, é claro, em grande parte precisa. A IA é amplamente limitada a agregar, organizar e reembalar ideias pré-existentes (embora às vezes de maneiras que podem ser usadas para acelerar e refinar a produção de bolsa de estudos original). Ainda reconhecendo essa limitação inerente da IA, a DTL Press ofereceria dois comentários: (1) Textos introdutórios raramente são pensados para serem verdadeiramente inovadores em sua originalidade e (2) a DTL Press tem outras séries dedicadas à publicação de estudos originais com autoria tradicional.

Nosso convite:
A DTL Press gostaria de reformular fundamentalmente a publicação acadêmica no mundo teológico para tornar a bolsa de estudos mais acessível e mais acessível de duas maneiras. Primeiro, gostaríamos de gerar textos introdutórios em todas as áreas do discurso teológico, para que ninguém seja forçado a "comprar um livro didático" em qualquer idioma. Nossa visão é que professores em qualquer lugar possam usar um livro, dois livros ou um conjunto inteiro de livros desta série como livros didáticos introdutórios para suas aulas. Segundo, também gostaríamos de publicar monografias acadêmicas de autoria tradicional para distribuição de acesso aberto (gratuita) para um público acadêmico avançado.

Finalmente, a DTL Press não é confessional e publicará obras em qualquer área de estudos religiosos. Livros de autoria tradicional são revisados por pares; a criação de livros introdutórios gerados por IA está aberta a qualquer pessoa com a experiência necessária para supervisionar a geração de conteúdo nessa área do discurso. Se você compartilha o compromisso da DTL Press com credibilidade, acessibilidade e preço acessível, entre em contato conosco sobre mudar o mundo da publicação teológica contribuindo para esta série ou uma série de autoria mais tradicional.

Com grandes expectativas
Thomas E. Phillips
Diretor Executivo da DTL Press

www.DTLPress.com
www.thedtl.org

Prefácio do autor

A Parábola do Amor: Interpretando o Ícone de A Doutrina Feita Carne

A capa deste livro é mais do que um design — é uma visão. Inspirada pelo título A Doutrina Feita Carne: Fé e a Gramática do Amor, a imagem oferece um ícone teológico, um sinal visível da graça invisível de Deus que anima todo este trabalho. É uma homilia visual moldada pela metáfora das "duas mãos de Deus" de Santo Irineu — Cristo e o Espírito — que nos guiam na longa e luminosa jornada que parte do Criador e retorna ao Criador. Esta é a jornada da fé. É o caminho do amor. É a trajetória da criação e da nova criação entrelaçadas no mesmo arco do desejo divino.

No centro da imagem está o Cristo, o Verbo feito carne, em quem todas as coisas subsistem. Pelo Espírito — "Aquela que É", o Sopro da Vida — esse mesmo Verbo que outrora chamou o cosmo à existência agora assume carne, tornando-se a segunda encarnação de Deus. A criação foi a primeira encarnação: o Verbo que saiu em amor, formando o mundo por meio da sabedoria entranhada na estrutura do universo. O Espírito pairava, respirava, chamava, e ainda respira — unindo todas as coisas no amor. Pelas "duas mãos de Deus", a criação veio a existir e, por meio delas, está sendo novamente reunida à sua morada em Deus.

O hino aos Colossenses (1:15–20) canta o mistério no coração deste ícone: que todas as coisas — visíveis e invisíveis, materiais e espirituais — foram criadas por Cristo e para Cristo. Que em Cristo todas as coisas subsistem. Que no sangue da cruz Deus está reconciliando tudo consigo mesmo. Seguindo esse ícone, a árvore da vida está sempre plantada ao longo desse caminho — enraizada no solo e, no entanto, transfigurada pela glória. Até mesmo os pequenos sinais do deleite evolutivo — como o raro cardeal não-binário aninhado no jardim — sussurram a verdade de que o futuro de Deus não conhece limite, nem exclusão, nem dicotomia fixa. Todos são levados para dentro da dança e do cântico cada vez mais amplos da Nova Criação.

Este é um livro sobre fé — não a fé reduzida a um assentimento ao credo, mas a fé como confiança naquele que é infinitamente digno de confiança. É um livro sobre doutrina — não como controle eclesial, mas como a gramática do amor de Deus, moldada pelo Espírito que soprou a criação na existência e ressuscitou Cristo do túmulo. É sobre a Igreja, não como uma instituição, mas como a epifania viva e pulsante do amor de Deus, chamada a encarnar a boa nova para toda a criação: que o mundo está retornando àquele Deus que primeiro o trouxe à existência.

Esta visão ecoa o testemunho antigo de Irineu, cuja teologia da criação e da nova criação está no coração deste livro. Contra o impulso gnóstico de separar o Criador da criação, ele testemunha sua união inquebrantável — uma união não apenas querida, mas tecida no próprio ser. Não se trata de um vínculo contratual, mas de uma comunhão ontológica: Deus é amor infinito, eternamente vulnerável, sempre doador. A criação, desde o seu primeiro sopro, pulsa com o deleite do amor do Criador — cada criatura tremendo com a memória e a promessa da alegria divina. Não há caminho para Deus que contorne a criação, pois é aqui — no solo e no cântico, no sopro e no corpo — que habita o amor do Criador. Pela sabedoria e energia desse amor, a criação está sendo reunida, curada e transfigurada. O futuro de Deus e o futuro de tudo o que existe não são paralelos, mas entrelaçados — conduzidos juntos no labor paciente do Espírito rumo à Nova Criação. O começo é confiado ao fim, e o fim já está vivo no começo. Esta é a gramática do amor — a linguagem da fé que flui com a trama do universo, pois o amor infinito e vulnerável de Deus nunca está ausente, sempre mais próximo do que o sopro, sempre atraindo todas as coisas para sua realização radiante em Cristo.

O Paradoxo do Retorno do Amor

Eis o paradoxo: o amor infinito e vulnerável de Deus, quando lançado no cosmo, não diminui pela dispersão, mas se expande em alcance, em extensão, em poder de reunir e em emergência criativa. O que é lançado do coração de Deus não é enviado simplesmente para "apenas" retornar — é enviado para criar e reunir ao longo do caminho. Porque o que é lançado é amor infinito e vulnerável, ele atrai tudo o que toca — cada criatura já pertencente ao Criador — para dentro do seu arco em expansão. O retorno não é repetição, mas consumação. Toda a criação está sendo envolvida no retorno amoroso, não apenas ecoando a origem, mas cumprindo a promessa do Criador: a promessa da Nova Criação. Não se trata de um circuito fechado ou de um roteiro acabado, mas de uma parábola aberta — que se expande, reúne, glorifica e co-cria ao retornar, levando todas as coisas para casa, àquele que primeiro as lançou em confiança vulnerável.

E nesse retorno, algo ainda mais surpreendente ocorre: o primeiro deleite do Criador sobre a criação — cantado em alegria e proclamado em amor — não é simplesmente recordado, mas magnificamente ampliado além de toda medida. Pois tudo o que foi reunido de volta não apenas pertencia ao Criador, mas participou da alegria, da glória e da liberdade criativa do amor divino. O que foi lançado em confiança infinita e vulnerável retorna trazendo o dom da própria resposta da criação — fé, louvor, admiração e comunhão, sim — mas também sua expansão criativa do próprio amor infinito. Aqui, o paradoxo se aprofunda: o amor infinito, por natureza sem fronteiras, é também infinitamente vulnerável — aberto à surpresa, ao risco e à transformação, não apenas em relação à criação, mas dentro da própria vida de Deus. Não apenas na maneira como Deus se relaciona conosco, mas no próprio ser de Deus — Amor Infinito e Vulnerável — que está sempre se expandindo, abrindo, respondendo e crescendo em comunhão com a criação que Deus ama. Isso não é uma concessão da natureza divina; é sua expressão mais plena. Pois aquele que lançou o amor infinito no espaço finito vinculou-se irrevogavelmente a tudo o que existe, de tal modo que o que retorna da criação não apenas magnifica a criação, mas participa do contínuo tornar-se da alegria e do amor de Deus. Este é o mistério do amor infinito e vulnerável: o ser de Deus não conhece limites, e a confiança vulnerável e interminável que é o amor de Deus o prova. Isso não é contradição, mas mistério. Uma impossibilidade santa tornada possível por aquele cuja natureza é amar sem reservas e confiar sem limites.

Seguir a Cristo é confiar como Cristo confiou no Espírito. Viver pela fé é participar da própria fé de Cristo — uma fé que não é nada menos do que a plena entrega do amor à promessa do Criador. O Espírito que encheu Cristo agora nos enche. A energia desse mesmo amor — o sopro que gerou galáxias, que moveu o jardim e que ressuscitou Cristo do túmulo — é o que canta em nossas almas.

Portanto, ide ao mundo. Façam música com seus amigos. Deixem que suas amizades alonguem a parábola do imenso amor de Deus. Deixem que os vaga-lumes de sua imaginação alegrem o Criador. Observem como o Espírito os conecta a outros viajantes — alguns inesperados, alguns até antes chamados inimigos. Que o seu coração esteja em sintonia com a sabedoria que pulsa em cada quark e em cada canto da criação. Tudo está impregnado da alegria, da glória e do amor de Deus.

Este livro é uma pequena tentativa de dizer como a fé se sente quando está cheia do sopro do Espírito, moldada pelo amor de Cristo e fixada no futuro de Deus. É uma oferta como um trabalho de amor — uma doxologia teológica — para ajudar a Igreja a lembrar da gramática do amor e a recuperar uma fé viva com a energia das primeiras coisas.

Sigam o caminho expansivo da parábola, e vocês se encontrarão na trilha sempre mais ampla do amor de Deus — lançado em confiança, retornando em glória e sempre se superando na vastidão indomável do amor infinito e vulnerável que é Deus de eternidade em eternidade. Nada fica para trás.

Assim seja.

Introdução
Falar de Amor como a Primeira Palavra da Fé

Vem, Espírito Santo, e acende em nós o fogo do teu amor.
Toma as nossas mentes e pensa através delas. Toma os nossos
lábios e fala através deles. Agora, toma as nossas almas e
incendeia-as.
Amém.
Oração Cristã Antiga

Falando de Amor
A Doutrina como Primeira Palavra da Fé

Esta antiga oração da Igreja captura o cerne deste livro. A doutrina não é meramente a resposta intelectual da Igreja à verdade divina; é a gramática fiel da Igreja sobre o amor de Deus, proferida por um coração inflamado pelo Espírito e moldado em comunhão orante. O que se segue não é especulação abstrata, mas o esforço da Igreja para articular esse amor com clareza, reverência e esperança, proferido por um coração inflamado pelo Espírito e moldado em comunhão orante com o Deus vivo. O que é a doutrina, senão a maneira da Igreja falar sobre o Deus que ela conheceu pela graça e pelo amor por meio da oração? E o que é a fé, senão o dom do Espírito, uma confiança despertada na alma pelo amor de Deus, insuflada na vida por meio da oração e da adoração?

Este livro nasce da convicção de que a doutrina cristã não é um museu de declarações congeladas, nem uma relíquia preservada atrás do vidro da certeza eclesial, mas um testemunho vivo e pulsante, formado pela oração, testado no sofrimento e expresso no amor. A doutrina, em sua melhor forma, é a gramática fiel do amor de Deus, uma linguagem moldada pelo Espírito para expressar, encarnar e realizar esse amor na vida comunitária, no testemunho e na esperança, porque é a maneira da Igreja respirar com o Espírito, confessando, recordando e proclamando o Deus que é Amor.

Este livro oferece um convite teológico, um chamado para habitar a doutrina não como uma teoria a ser dominada, mas como uma linguagem compartilhada de pertencimento moldada pelo amor divino e pelo encontro orante. Convida os leitores, especialmente estudantes, ministros e peregrinos da fé, a ver a doutrina não como um sistema fechado de proposições teológicas abstratas, mas como a gramática viva da Igreja, um sopro vivificante moldado pelo Espírito. A doutrina não é inimiga da experiência ou da imaginação. Nem é uma relíquia de um passado rígido. É amor lembrado, cantado, encarnado e compartilhado. Visto que a doutrina respira e vive na respiração do Espírito para falar com a gramática do amor divino, o objetivo não é simplesmente compreender a doutrina formalizada, mas ser transformado por ela. Para tanto, visto que a fé repleta da energia do amor de Deus é recebida na oração, este livro é melhor lido em espírito de oração. Que ele o leve a uma admiração mais profunda, a uma coragem mais profunda e a um amor mais profundo.

Vivemos em uma era de profunda desorientação. As fraturas do nosso tempo, sociais, políticas, ecológicas e espirituais, clamam por uma Igreja que saiba não apenas no que crê, mas também como viver essa crença com alegria, humildade e poder. Em tal momento, recuperar a doutrina como a gramática fiel do amor divino da Igreja torna-se não apenas uma tarefa teológica, mas uma necessidade pastoral, convidando as comunidades a falar, orar e viver a verdade do amor de Deus em meio à dissonância da nossa época. A doutrina fiel importa porque forma comunidades capazes de tal testemunho fiel e amor precioso. Ela nos ajuda a orar profundamente, lamentar com sinceridade, amar generosamente e esperar juntos com esperança pelo mundo vindouro.

Esta obra explora a relação vital entre fé e doutrina, através de uma lente wesleyana, fundamentada nos "primeiros princípios" do Evangelho. Essa exploração é tanto teológica quanto devocional, histórica e contemporânea. Afirma que a fé nasce na oração pelo Espírito, e que a doutrina emerge como a gramática desse amor despertado pelo Espírito. Credos, dogmas e formulações teológicas surgem, não primeiramente da ambição institucional ou da necessidade de controle, mas de comunidades que encontraram o Deus vivo na oração, nas Escrituras, no culto e na vida compartilhada. Escritura e sacramento, sofrimento e canto, memória e missão, todos convergem para formar uma visão viva da doutrina encarnada. No entanto, quando esses primeiros princípios se perdem, quando a gramática do amor é substituída por uma linguagem de poder institucional, a doutrina se torna uma ferramenta de prescrição em vez de um testemunho de transformação. A verdade do Evangelho nos liberta, mas quando a doutrina é desligada do Espírito que nos ensina a orar e reduzida a uma lista eclesial de credos e afirmações doutrinárias separadas do amor de Cristo, ela não fala mais a linguagem da fé ou da fidelidade.

Esse dinamismo do amor não é desprovido de raízes. Em vez de um mero método de raciocínio teológico, o quadrilátero wesleyano – Escritura, tradição, razão e experiência – funciona como uma gramática da graça moldada pelo Espírito. Ele permite que a doutrina permaneça fundamentada e geradora, ecoando o movimento do amor divino em contextos sempre novos. A teologia wesleyana oferece um modelo singularmente convincente para o desenvolvimento doutrinário, utilizando Escritura, tradição, razão e experiência como meios da graça para alcançarmos nosso objetivo em Deus.

Este quadrilátero não reduz a doutrina a formulações estáticas, mas permite que ela permaneça como um meio de graça fiel ao Evangelho, ao mesmo tempo em que responde a novos contextos. Enraizada na graça e moldada pelo Espírito, a teologia wesleyana modela como a doutrina pode permanecer fundamentada e geradora, antiga e adaptável. A doutrina permanece fundamentada nas Escrituras, na vida de adoração da Igreja e na orientação contínua do Espírito, o Espírito que continua a animar e ampliar nossa compreensão e visão fiéis da promessa divina da Nova Criação. E aqui, a teologia wesleyana oferece algo essencial: um modelo fiel, porém flexível, de desenvolvimento doutrinário, enraizado nas Escrituras, na tradição, na razão e na experiência, tudo sob o cuidado providencial do amor de Deus.

Em contraste com as visões gritantes da doutrina como uma fórmula congelada ou permanentemente fixa, afirmo uma tradição viva e pulsante, que respira profundamente com o Espírito, que é o Senhor e Doador da vida. A doutrina é dinâmica porque a fé da Igreja é dinâmica, sempre respirando com o Espírito, pulsando com o amor divino e adaptando-se ao ritmo da obra contínua de Deus no mundo. Credos não são gaiolas de fé, mas cânticos, compostos por comunidades sintonizadas com a orientação do Espírito por meio da graça. O dogma, em sua melhor forma, não silencia perguntas, mas abre espaço para o mistério sagrado. O Cânone Vicentino, "em todos os lugares, sempre e por todos", não deve ser usado para eclipsar prematuramente a esperança escatológica da Nova Criação. As doutrinas da Igreja continuam a se expandir e se estender com a gramática do amor infinito e vulnerável de Deus, porque o futuro de Deus e de toda a criação aguarda o cumprimento, pelo Espírito, da promessa de Cristo de "fazer novas todas as coisas".

Grande parte do meu trabalho acadêmico centrou-se no desenvolvimento da doutrina da Igreja. Ao longo do caminho, descobri profundas fontes de sabedoria e graça na tradição teológica da Igreja. Mas tudo mudou no momento em que compreendi que esses ensinamentos, credos, dogmas e doutrinas não foram forjados em especulações abstratas, mas nascidos da oração. Essa percepção transformou para sempre a maneira como vejo a vida doutrinária da Igreja.

Por quase quarenta anos, ensinei a beleza, a verdade e a graça da fé da Igreja. Procurei, ainda que imperfeitamente, vivê-la, incorporar o que ensinei. E, no entanto, sempre me considerei uma espécie de profeta na periferia da tradição da Igreja, olhando para as margens da sociedade e da cultura, sustentado por uma "fé repleta da energia do amor de Deus". Desse ponto de vista, observei com pesar e profunda tristeza como o cristianismo institucional, em muitas formas e em muitas comunhões, começou a inverter a ordem viva do Evangelho. Cada vez mais, a pertença passou a depender do assentimento intelectual à doutrina, da afirmação creediana exigida antes da comunhão, antes do relacionamento, antes da graça. Em muitos lugares, uma espécie de certeza creediana e doutrinária se consolidou, substituindo a fé nascida do Espírito que é o verdadeiro coração da Igreja. Claramente, isso não é o Evangelho.

A Boa Nova é que já pertencemos a Deus, uns aos outros, ao amor reconciliador de Deus em Cristo, pelo poder do Espírito. Cremos porque fomos despertados pela oração, porque fomos inflamados pelo Espírito, porque o fogo do amor divino incitou nossos corações à confiança. A doutrina, portanto, não é a porta de entrada para a Igreja, mas a resposta da Igreja ao Deus que já se aproximou. A boa doutrina é a articulação fiel de nossa pertença compartilhada à luz do amor de Deus.

E, no entanto, com muita frequência, assim que o Credo é formado, a Igreja passa da confissão à consolidação, da doxologia comunitária à regulamentação institucional: como no rescaldo do Concílio de Niceia, quando a ortodoxia nicena foi utilizada para marginalizar vozes dissidentes e suprimir a diversidade teológica, tornando-se uma ferramenta de controle. A doutrina, antes uma doxologia, endurece-se em dogma usado para dividir. Este livro, portanto, é tanto uma recuperação da fé e da doutrina quanto um apelo à renovação do testemunho da Igreja por meio de uma gramática de amor inspirada pelo Espírito, para que a doutrina possa novamente funcionar como a gramática fiel da pertença divina, em vez de uma fronteira de exclusão. É uma obra de profunda esperança ecumênica, um trabalho oferecido a serviço da unidade pela qual Cristo orou em sua grande oração sacerdotal. É um chamado para lembrar que o Espírito ainda respira, que a doutrina fiel ainda pode cantar e que o amor de Deus continua sendo a primeira e última palavra da Igreja, um amor que nos envia ao mundo não com medo ou controle, mas com mãos e corações abertos, ansiando por uma Igreja renovada em compaixão, comunhão e na corajosa esperança da Nova Criação.

A Primeira Ordem do Saber
Amor antes da linguagem

Este livro busca recuperar o que poderia ser chamado de "primeira ordem do conhecimento", uma forma de conhecimento que não nasce da construção humana, mas do amor infinito e vulnerável do Criador. Desde o início da criação até o seu cumprimento prometido, Deus profere a Palavra e inunda o céu e a terra com a glória divina. Essa forma de conhecimento se baseia e depende continuamente do Criador falando, não apenas sobre o que vemos e ouvimos, mas sobre o que sabemos e como sabemos. Como tal, a doutrina pode ser entendida como uma resposta de "segunda ordem": a articulação fiel da Igreja dessa iniciativa divina, uma gramática moldada pela primeira ordem da autorrevelação amorosa de Deus. Essa estrutura entende a doutrina como a gramática do amor divino, linguagem nascida do amor iniciador do Criador, sustentada pelo Espírito e expressa fielmente pela Igreja.

Esta primeira ordem de conhecimento se desdobra como mistério e misericórdia:

- O Verbo que falou e trouxe a criação à existência é o Amor que é Deus.
- O Verbo que se fez carne é o Amor que é Deus.
- O Verbo que soprou com a chama do Amor no Pentecostes é o Espírito que formou a Igreja como o Corpo vivo e pulsante de Cristo, uma comunhão de diversas vozes unidas pela graça, falando em muitas línguas com uma gramática compartilhada de amor divino.
- A Palavra que promete a Nova Criação é o Amor que é Deus, nosso começo e nosso futuro fim.

Este Amor que é Deus é a fonte da fé. Fluindo dessa iniciativa divina, a fé desperta na alma e encontra expressão através da oração e da doutrina, formando a gramática responsiva do amor da Igreja.

A fé como dom
Despertado pelo Espírito, não conquistado

A fé não é uma conquista nossa. É um dom de Deus, radicalmente diferente de uma justiça baseada em obras ou de um assentimento intelectual. Diferentemente da fé enquadrada como mérito ou como uma conclusão racional, esse dom emerge somente da graça, chamando-nos à humilde confiança e à intimidade relacional com Deus. Não é algo que possuímos, mas algo que Deus nos dá. Não surge da persuasão intelectual ou do esforço pessoal, mas do despertar do Espírito, uma confiança imerecida que flui da iniciativa divina. Essa iniciativa divina convida a Igreja a uma postura de humildade doutrinária, lembrando-nos de que toda linguagem teológica é secundária, sempre uma resposta à primeira Palavra de amor de Deus.

A fé não emerge de dentro de nós mesmos, mas do encontro. É a certeza suave, porém inabalável, de que somos conhecidos, vistos e amados por Deus. É o sussurro amoroso do Espírito, chamando-nos pelo nome antes mesmo de dizermos uma palavra.

Oração e a Respiração
A Gramática Espiritual da Confiança

A fé nasce da oração e do amor, mas mesmo a oração não é, antes de tudo, um ato humano. A oração é o próprio sopro do Espírito no coração, despertando admiração, entrega e confiança, e moldando a vida comunitária da Igreja por meio de ritmos compartilhados de adoração, confissão, esperança e admiração, entrega e confiança, antes que qualquer credo seja confessado ou qualquer palavra seja proferida. A Igreja não inventa a fé por meio de articulação teológica; ela recebe a fé por meio da adoração concedida pelo Espírito.

John Wesley perguntava repetidamente com urgência pastoral: "A sua fé está repleta da energia do amor de Deus?" Para Wesley, esse amor nunca é sentimental ou abstrato. É amor católico, amor Trino derramado do Pai, revelado no Filho e derramado em nossos corações pelo Espírito Santo. Este amor divino não é uma doutrina a ser definida, mas um fogo a ser aceso.

Charles Wesley captura essa visão em seu hino:
Ó Amor Divino, quão doce és!
Quando encontrarei meu coração dispostoTodo tomado por ti?

Este não é um apelo à precisão doutrinária, é um apelo para que o Deus vivo habite o coração, formando em nós uma gramática incorporada de amor que transcende meras palavras.

Amor antes da crença

O amor precede a crença. A adoração precede a articulação. Somos atraídos pela fé; não raciocinamos para alcançá-la. A fé não é construída pela lógica humana ou pela escolha voluntária de crer; ela é insuflada pelo amor divino. Como escreve o apóstolo Paulo: "O amor de Deus foi derramado em nossos corações pelo Espírito Santo que nos foi dado" (Rm 5:5). Para os Wesleyanos, esse derramamento nada mais é do que a habitação de toda a Trindade.

A fé pode nascer no coração, mas é nutrida no Corpo, a Igreja, o corpo vivo e pulsante de Cristo, onde práticas compartilhadas, culto comunitário e amor mútuo dão origem à doutrina não como convicção privada, mas como uma linguagem comum moldada pela graça. John Wesley insistiu: "Não há santidade senão a santidade social". A vida cristã não poderia ser sustentada isoladamente. A Igreja é a escola do amor, o habitat da graça, a morada onde os fiéis são moldados à semelhança de Cristo por meio da palavra, da mesa e da vida cotidiana.

A palavra antes das palavras
Ouvindo a Criação que Deus Ama

Antes mesmo que a Igreja proferisse seus credos, o Verbo já falava. O Verbo, por meio do qual todas as coisas foram feitas, jamais se calou. A própria criação é o primeiro sacramento da criação do Criador: as montanhas e os rios, os animais e as árvores, o sol e as estrelas, todos dão voz à glória do Criador, sem palavras humanas. Como diz o salmista: "Um dia faz discurso a outro dia, e uma noite revela conhecimento a outra noite" (Sl 19:2).

A criação fala uma gramática mais antiga que a teologia, uma doxologia que antecede a doutrina. A doutrina não substitui o testemunho da criação; ela responde a ele. É a tentativa fiel da Igreja de ouvir, nomear e ecoar o que já foi declarado desde o princípio: que Deus é Amor. Dessa forma, a fala eterna do Verbo torna-se o impulso fundamental por trás da tarefa da Igreja de articulação doutrinária, não para definir o mistério, mas para participar de seu louvor e proclamar sua presença. Pense nisso!

É a disciplina de esperar, sem se apegar, que a Palavra fale. A partir dessa postura, a doutrina não pode ser controle ou conquista. Deve ser ampla e reverente. Deve surgir da admiração, e nunca da certeza. A doutrina é a gramática fiel do amor de Deus. Surge da atenção reverente a um mundo que já profere o nome de Deus. Não é invenção da Igreja, mas sua humilde resposta.

A doutrina e o credo surgem não para substituir essa "ordem primeira do conhecimento", mas para dar forma à forma como conhecemos em amor, para ajudar a Igreja a recordar e confessar o que recebeu. Os credos nunca tiveram a intenção de encerrar o mistério em fórmulas, mas sim de proteger o testemunho da Igreja do amor de Deus revelado em Cristo, um amor que já canta na criação, que já respira na oração.

Historicamente, a doutrina acompanhou o movimento da fé. A Igreja não começou definindo Cristo, mas sim adorando-o. Os primeiros cristãos foram arrebatados pela vida do Espírito muito antes de terem palavras para descrevê-la. A doutrina veio depois, não para restringir essa vida, mas para dar testemunho fiel dela. A tarefa da doutrina é tecer a gramática do amor de Deus em nossa imaginação e esperança do Reino amado de Deus, assim na Terra como no Céu.

Assim, retornamos ao cerne da afirmação central deste livro: a doutrina é a gramática fiel do amor de Deus, a linguagem que nasce do amor, moldada pelo amor e que nos retorna ao amor. É uma maneira de falar que surge do amor, serve ao amor e conduz de volta ao amor. Ela não silencia o mistério, mas nos convida a habitá-lo. Não começa com palavras, mas com o Verbo que se fez carne e com a criação que ainda carrega a presença gloriosa de seu Criador. A doutrina se faz carne para aprender a gramática fiel do amor de Deus e conduzir todas as coisas em direção à Nova Criação.

Este livro é oferecido como um pequeno eco desse amor, buscando aprender e falar a gramática do amor feito carne, o próprio tema de Doutrina feita Carne. Minha oração é que possamos aprender a falar fielmente sobre isso, juntos.

Capítulo Um
Da Comunhão ao Credo

Professar a fé cristã é ser atraído pela linguagem do Espírito, uma linguagem moldada pela Palavra, nutrida na adoração e ordenada para o amor.
Rowan Williams
"Deus é amor; e aquele que permanece no amor permanece em Deus, e Deus permanece nele." (1 João 4:16)

A Igreja Crê Porque Pertence

Antes de a Igreja ter um credo, ela teve uma refeição. Antes de a doutrina ser escrita, o pão foi partido, uma refeição que semeou a gramática do amor à qual a doutrina mais tarde daria voz. Os primeiros cristãos se reuniam não para debater proposições, mas para compartilhar a vida, orar, recordar, ter esperança. A fé não começou com uma declaração de crença. Começou com um encontro: o Cristo ressuscitado no meio de um povo quebrantado, perplexo e alegre.

Esta ordem importa. O padrão da verdade cristã não é imposto de cima, mas emerge de dentro da experiência vivida pela Igreja. A doutrina segue a forma do próprio Evangelho, emergindo do encontro com Cristo ressuscitado, nutrida na comunhão e encontrando expressão nas confissões dos fiéis. O que a Igreja crê, ensina e confessa não é outro senão o Evangelho. Ela não inventa a verdade; ela responde à verdade já recebida.

A doutrina surge à medida que a Igreja dá testemunho do que já recebeu e vivenciou no Espírito. Isso significa que a doutrina não faz a Igreja; sugerir o contrário violaria o padrão da verdade cristã. Em vez disso, a Igreja crê porque confia que pertence a Cristo. A Igreja não crê para pertencer. Ela já está enxertada no Corpo vivo e pulsante de Cristo, inflamado pelo Espírito.

A partir dessa comunhão de pertencimento, a Igreja dá voz ao que sabe no âmago do seu ser: que Jesus Cristo é Senhor, que Deus é amor e que o Espírito continua a agir.

Credos e doutrinas não fabricam a crença, eles a confessam. O Credo não faz nem define a Igreja; o Espírito dá origem a ambos. A Igreja, viva no Espírito, dá voz à verdade do Evangelho ao confessar sua fé por meio do Credo e não por causa dele.

A Igreja, como a "nova habitação de Deus no Espírito", diz John Wesley, sempre teve a intenção de refletir a unidade e a comunhão da vida Trina. Seus primeiros credos testemunharam não apenas o que os cristãos acreditavam, mas também como eles pertenciam. A doutrina não era apenas uma descrição da fé. Era a gramática do amor, um modo de falar e viver que molda a identidade, os relacionamentos e as práticas da Igreja para a participação em Deus pela fé.

Uma tradição viva torna-se um ídolo quando se torna o foco de sua adoração, um símbolo quando se desconecta da tradição e se desvia em sua adoração, mas um ícone quando participa da realidade para a qual aponta em sua adoração. Quando a doutrina se fundamenta na comunhão e na oração, ela serve como um ícone, participando do amor divino; mas quando separada da vida do Espírito na Igreja, pode degenerar em um símbolo ou mesmo em um ídolo. Nesse sentido, os credos não devem ser fechados por muros, mas sim janelas abertas que nos abrem para o mistério. Eles oferecem uma linguagem compartilhada, forjada na oração e na comunhão, uma linguagem que surge não como fronteira, mas como convite, ecoando a afirmação deste capítulo de que a doutrina emerge da experiência vivida da Igreja com o Espírito. Por meio dessa experiência, a Igreja canta, lamenta e proclama o amor de Deus que mantém todas as coisas unidas.

É por isso que John Wesley pôde falar da prioridade ontológica do amor de Deus em todas as coisas. Para Wesley, a doutrina nunca teve a intenção de silenciar ou excluir, mas de falar com a linguagem da fé, vivificar a esperança e expressar o amor santo. O Espírito que acendeu a Igreja no Pentecostes continua a acender em nós o mesmo fogo do amor de Deus: uma fé que começa na comunhão e flui para a confissão, para a doxologia, para a vida em comum no amor. A doutrina, portanto, é a gramática fiel do amor divino, uma gramática que prepara a Igreja para receber e responder ao Espírito que nos dá as palavras que proferimos com fé, uma resposta dada pelo Espírito que surge da comunhão da Igreja com Deus, não como um pré-requisito para a fé, mas como sua expressão em desenvolvimento.

O Espírito Dá as Palavras

O Espírito que dá vida à Igreja também lhe dá a linguagem fiel. A doutrina não começa na academia ou na mesa do conselho. Começa quando alguém, em algum lugar, abre seu coração a Deus e encontra o Espírito já orando dentro dele. Como Paulo escreve: "O Espírito intercede com gemidos inexprimíveis" (Romanos 8:26).

A doutrina sempre começa na oração, porque o primeiro princípio da fé no coração é a confiança, uma confiança que, embora profundamente pessoal, é sempre moldada e expandida pela vida comunitária da Igreja, seu culto e a memória inspirada pelo Espírito do povo de Deus. A confiança é a forma mais pura de fé, e este dom da fé é o fundamento fundamental do amor. É a confiança de que somos conhecidos e amados por Deus.

Mesmo quando pedimos fé porque ainda não a conhecemos, o próprio pedido é um sinal de que o Espírito já está operando em nós. Antes de sabermos em que crer, sabemos o que é ansiar, gemer e buscar a Deus. Esse anseio já é uma espécie de conhecimento, um conhecimento nascido da obra mais profunda da fé do Espírito em nós. É assim que a doutrina começa na oração, uma confiança que, embora profundamente pessoal, é sempre moldada e expandida pela vida comunitária da Igreja, seu culto e a memória inspirada pelo Espírito do povo de Deus.

John Wesley compreendeu isso bem. Ele perguntava constantemente: "Sua fé está repleta da energia do amor de Deus?" Para Wesley, a verdadeira fé é sempre um dom do Espírito, e sua evidência não se reduz a um conjunto de crenças corretas, mas sim através do santo amor de Deus que permeia toda a criação. Tanto John quanto seu irmão Charles chamavam isso de "amor católico", amor que flui da vida Trina de Deus e a tudo abraça. O amor católico é a alma da doutrina da Igreja, funcionando como a base teológica para uma doutrina expansiva em vez de restritiva, um amor que convoca a Igreja a abraçar a diversidade, incorporar a hospitalidade e confessar a fé de uma forma que ecoe o coração inclusivo do Deus Trino, um amor expansivo, inclusivo e missionário, fluindo da vida do Deus Trino e estendendo-se para abraçar toda a criação em graça e comunhão.

Isso foi expresso através da poesia de Charles Wesley e dos hinos dos primeiros metodistas, que deram voz às profundas afeições dos corações despertados pela graça. Sua poesia deu voz ao que os corações despertados pelo Espírito já sabiam: que a Trindade não é um enigma a ser resolvido, mas uma doxologia a ser cantada. Charles sabia que não raciocinamos para chegar a Deus. Somos atraídos pela beleza, despertados pela alegria e convocados pelo amor.

A fé, uma vez despertada pelo Espírito, não pode permanecer em silêncio. Ela arde para falar a partir da chama do amor. E o que ela profere não são meras proposições, mas louvores. A doutrina fiel, sob essa luz, não é produto de dedução ou cálculo. É fruto da comunhão. É a Igreja, respirando profundamente com o Espírito, dando linguagem ao amor que recebeu, uma gramática de comunhão formada pelo Espírito que molda como a Igreja conhece, ora e vive em resposta fiel.

É por isso que a doutrina não pode ser separada da vida afetiva do Espírito; ela nasce onde a confiança encontra o amor, onde o anseio se torna linguagem. A doutrina não responde ao anseio com um fechamento, mas com comunhão, que antecipa o derramamento do Espírito no Pentecostes, onde a linguagem do amor encontrou muitas línguas. Ela nos ensina a ouvir nossos gemidos mais profundos e a responder na gramática da graça. Ensinar doutrina, portanto, não é explicar o mistério de Deus, mas convidar outros para o cântico. É dizer: "Vinde, cantemos ao Senhor; celebremos a rocha da nossa salvação" (Salmo 95:1). É dizer: "Provai e vede" (Salmo 34:8). Vinde e ouvi. Vinde e cantai.

É por isso que a história do Pentecostes é tão central. O derramamento do Espírito não foi um evento silencioso.

Como poderiam um vento impetuoso e o ruído de muitas línguas diferentes ser silenciosos? Pentecostes, essa "nova habitação de Deus no Espírito" (Wesley), traz ao mundo muitas maneiras diferentes de capturar o mistério do amor infinito e vulnerável que é Deus. E em cada língua, o Evangelho encontrou um novo sotaque, uma nova cadência, uma nova maneira de dizer: "Deus é amor". Essa multiplicidade não é uma ameaça à unidade, mas sua realização, refletindo a unidade relacional da Trindade, diversa, mas una no amor. A doutrina moldada pelo Espírito reflete essa harmonia, convidando a Igreja a falar em muitas línguas com um só coração. O Espírito não apaga a diferença, mas a transfigura em harmonia. A Igreja não confessa em uma língua, mas celebra o dom da diversidade e canta em harmonia, muitas vozes, um só amor.

Ensinar doutrina, portanto, não é explicar o mistério de Deus, mas convidar outros para o cântico, um cântico cuja melodia é moldada pelo Espírito e cuja harmonia ressoa com a vida do Deus Trino. E a fonte desse cântico, a melodia e a harmonia da nossa confissão, é o Deus Trino, cujo amor habita em nós. O Espírito que nos dá as diversas linguagens do amor unitivo é o mesmo Espírito que nos atrai para a própria vida do Pai, do Filho e do Espírito Santo, "Trindade" na Unidade e Unidade na Trindade (Atanásio).

A Doutrina como Dom da Vida Trina

A doutrina não se origina na abstração; ela emerge do coração do amor trinitário, um ritmo afetivo de comunhão divina que ecoa o cântico do Espírito que já se agita na Igreja. Tanto Charles quanto John Wesley ensinaram que "até que toda a Trindade desça em nossos corações fiéis", não podemos despertar plenamente para o poder transformador da graça. O coração fiel que confia é uma participação na vida e no amor confiantes de Deus, um movimento trinitário no qual o Espírito atrai os crentes para a confiança íntima compartilhada entre o Filho e o Pai, moldando-nos dentro dos próprios ritmos da comunhão divina e fundamentando nossa fé na experiência vivida da graça que John Wesley tão vividamente descreveu como o amor interior de Deus.

No hino de Charles Wesley, "Ó Amor Divino, Quão Doce És Tu", ouvimos este anseio pela plenitude da habitação Trina: "Fixado no monte de Atanásio, ainda necessito de um solo mais firme / Que só me possa bastar, / Toda a misteriosa Trindade / Habitando meu coração." Fé não é simplesmente conhecimento sobre Deus. É Deus habitando em nós, e nós em Deus. É aqui que começamos a falar a gramática fiel do amor de Deus.

Esta é a lógica da Encarnação, o padrão corporificado da revelação e participação divinas. Jesus não veio para ensinar uma doutrina abstrata e isolada. Jesus veio para viver o amor de Deus em carne humana. Ao fazê-lo, Cristo revelou não apenas quem Deus é, mas também o que significa ser verdadeiramente humano. A descida do Espírito no Pentecostes dá continuidade a essa lógica encarnacional. O Espírito habita o Corpo de Cristo, não como uma presença vaga, mas como o fogo do amor derramado nos corações humanos.

Além disso, a soteriologia do Evangelho revela o padrão pelo qual a fé, a esperança e o amor são recebidos e vividos. Assim como somos chamados a ser santos como Deus é santo, ou a ser perfeitos como nosso Pai celestial é perfeito, sabemos que tudo o que Deus ordena, Deus também dá e cumpre. Assim, a doutrina, que é a gramática fiel do amor de Deus, é formada a partir da lógica da graça divina. Nós amamos somente porque Deus nos amou primeiro; somos santos somente porque Deus nos torna santos. Como tal, a própria fidelidade de Cristo (*pistis Christou*) torna-se a fonte e a forma do nosso conhecimento e amor fiéis, fundamentando o desenvolvimento da doutrina não na iniciativa humana, mas na perfeita confiança e amor de Cristo. Este modelo participativo revela a doutrina como uma resposta formada pelo Espírito, um eco da própria fidelidade relacional de Cristo vivida na Igreja. Como Paulo diz: "Eu vivo na fidelidade do Filho de Deus, que me amou e se entregou por mim" (Gálatas 2:20).

Quando a doutrina se desvincula dessa lógica da iniciativa divina, ela se torna um "código ruim", um roteiro desordenado, sem a sintaxe de amor do Espírito, a única capaz de animar a fé na prática, como um algoritmo corrompido que desorienta nossa vida. Mas, quando fundamentada no Evangelho, a doutrina fiel se torna um código vivo: um padrão infundido pelo Espírito para conhecer, amar e agir. É uma catequese escrita na gramática do amor de Deus.

É por isso que John Wesley frequentemente falava do novo nascimento como o Deus Trino fazendo morada no coração. A salvação não é apenas perdão; é a habitação divina que nos torna novas criaturas. E essa habitação sempre transborda. Ela dá origem a afeições santas, a obras de misericórdia, aos hábitos de oração e às doutrinas que dão nome ao amor perfeito de Deus em que confiamos. A obra da fé é confiar no amor que habita em nós, que não apenas perdoa, mas nos convida a participar do amor de Deus que inflama nossos corações e nos torna novas criaturas.

A doutrina, portanto, não é algo que a Igreja cria. É algo que o Espírito extrai. É a maneira como o amor toma forma na linguagem dos corações fiéis.

É a tentativa da Igreja de nomear o que significa ser arrebatado pela vida Trina de Deus, um ato sempre provisório, sempre em desenvolvimento, à medida que a Igreja é continuamente atraída para o mistério do amor divino pelo Espírito. Cremos em quem confiamos porque sabemos a quem pertencemos, e quando sabemos que pertencemos, confessaremos o que cremos e confiamos sobre Aquele a quem pertencemos. A doutrina é a gramática desse pertencimento quando o Espírito derrama a energia do amor de Deus em nossos corações.

Gregório de Nazianzo, frequentemente chamado de "O Teólogo", por seus profundos insights teológicos, deu atenção especial a como devemos ser cuidadosos ao falar sobre Deus, que em essência está além da compreensão humana. Em suas *Orações Teológicas,* Gregório adverte que devemos "ficar quietos", como na oração, para conhecer a Deus, porque nossas maneiras humanas de conhecer a Deus são "fracas e débeis". E, no entanto, ficar em silêncio é negligenciar a verdade que emerge do silêncio. Essa convicção ecoa pela história da Igreja e nos lembra que a doutrina não é simplesmente intelectual; é doxológica. Ela surge da habitação divina e tem como objetivo glorificar o Deus que habita entre nós. O Espírito Santo não apenas esclarece a doutrina; o Espírito a torna possível. O Espírito é a condição para a possibilidade de todo discurso fiel sobre Deus. Sem o Espírito, faltam-nos as palavras para falar de fé, e então nossa doutrina se torna frágil, reduzida a argumento ou ideologia, separada da fala dinâmica e doxológica do Espírito, que vivifica o testemunho da Igreja e a chama a uma comunhão mais profunda. Mas, quando forjada no fogo do amor de Deus, torna-se uma palavra viva, um dom que nos une a Cristo e uns aos outros.

Dessa forma, a doutrina não é externa à salvação; é um de seus frutos. A doutrina não é o caminho para a graça, mas a expressão de uma vida plena de fé, abraçada pela graça. E essa graça nada mais é do que a vida do Deus Trino compartilhada com o mundo, por meio de Cristo, no Espírito.

Do Dogma à Fé Viva

Neste capítulo, utilizo termos como doutrina, dogma, credo e gramática do amor para descrever a tentativa fiel da Igreja de falar do amor divino que recebeu. Embora distintos em nuances teológicas, todos esses termos têm um propósito comum: ajudar a Igreja a dar voz à fé que vive em comunhão com o Deus Trino.

A palavra "dogma" passou a soar fria para muitos ouvidos, evocando rigidez, exclusão ou controle em vez de admiração, amor e testemunho. No entanto, originalmente, o dogma funcionava como a confissão doxológica da Igreja, uma proclamação nascida do Espírito moldada em oração e comunhão, não como um ponto fixo ou uma exigência inflexível. Dogma, em seu sentido mais antigo, nunca foi sobre rigidez. Tratava-se do testemunho fiel da Igreja do mistério de Deus revelado em Cristo. Dogma nunca teve a intenção de constranger; pretendia confessar a fé em Cristo que a Igreja havia recebido, uma fé nascida no Espírito e encontrada em comunhão, não construída como controle episcopal.

O dogma da Igreja é a sua fé. Os Credos não são acréscimos marginais à vida cristã; são a memória destilada da Igreja, preservada e vivificada pelo Espírito, que transmite a experiência vivida de Deus pela Igreja através da luta, da graça e da oração, uma memória formada na oração, esclarecida pela luta e sustentada pelo amor. Eles nunca foram concebidos para encerrar a conversa, mas para aprofundar a comunhão. Quando o dogma vive, ele serve à Igreja como um meio de graça, oferecendo uma linguagem que tanto fundamenta quanto guia a comunidade em sua jornada em direção a Deus.

A essência da fé é o amor, e a gramática desse amor é a doutrina fiel. Doutrina e fé andam de mãos dadas, pois o que a Igreja crê não é uma proposição estática, mas uma comunhão dinâmica, animada pelo Espírito e expressa através da gramática do amor que molda a vida compartilhada da Igreja em Cristo. Os Credos dão voz a essa fé, e a Igreja os confessa não por pertencer, mas porque já pertence. O Espírito, que dotou a Igreja com a Fé de Cristo, continua a atraí-la para uma participação mais profunda no amor de Deus. E porque esse amor é infinito e vulnerável, ele está sempre crescendo e mudando, e se expandindo no tempo, no lugar e na carne.

No Novo Testamento, a expressão paulina "fé em Cristo" (*pistis Christou*) é uma compreensão profundamente participativa da salvação. Não é apenas a fé em Cristo, mas a fidelidade de Cristo, a confiança vivida e a obediência do Filho ao Pai, para a qual a Igreja é atraída. Essa distinção é central para entender a doutrina não apenas como crença em Deus, mas como participação na própria fé que Cristo exerce em confiança e amor. Assim como Cristo confia no Espírito, a Igreja também deve confiar. Caso contrário, quando a Igreja para de respirar no Espírito que faz com que a Igreja seja o Corpo vivo e respirante de Cristo, ela perde a fé e a capacidade de falar na gramática do amor e, eventualmente, morre.

John Wesley sabia que a fé não nos pertence para possuí-la, mas sim para ser dada por Deus. Ele não reduzia a fé a um assentimento mental. Em vez disso, via a verdadeira fé como uma confiança viva no amor de Deus derramado em nossos corações pelo Espírito. É por isso que ele insistia que toda doutrina deve ser "divindade prática", linguagem moldada pela graça e voltada para o amor santo. A doutrina fiel deve se encarnar e viver no mundo para a sua vida.

No entanto, o dogma pode ser distorcido. Quando se torna uma ferramenta para exclusão ou dominação, deixa de funcionar como um meio de graça. Endurece. Esquece o Espírito. Torna-se tradicionalismo, o que Jaroslav Pelikan chamou de "a fé morta dos vivos". Contudo, a tradição também é evolutiva, como um corpo que cresce em maturidade sob a orientação do Espírito, que atrai a Igreja a uma participação cada vez mais profunda no amor e na promessa escatológica de Deus. A doutrina não abandona suas origens e convicções, mas as aprofunda à medida que cresce, recapitulando a verdade de Deus em Cristo por meio do Espírito (as "duas mãos" de Deus, Cristo e o Espírito) em plenitude sempre crescente. Essa visão de crescimento afirma que a doutrina não é estática, mas sim uma participação em desenvolvimento na obra do Espírito, amadurecendo com a Igreja à medida que ela é atraída mais profundamente para o amor e o mistério do Deus Trino. Esta visão esperançosa convida a Igreja a encarnar a fé e a confiar que o Espírito não deixará que as doutrinas da fé decaiam, mas conduzirá fielmente a Igreja a uma participação mais completa no mistério de Cristo. "Onde está o Espírito, aí está a Igreja de Cristo", exclama Santo Irineu (*Contra as Heresias*).

O problema não é que a Igreja tenha dogmas. O problema surge quando esse dogma deixa de participar da tradição viva da Igreja, quando se esquece de que o Espírito Santo é a força animadora da tradição, insuflando vitalidade e graça em seu testemunho através das gerações, quando deixa de respirar com a vitalidade do Espírito. Essa ruptura ocorre quando nos esquecemos de que o Corpo vivo e pulsante de Cristo, a Igreja Católica, é chamado a crescer e a mudar à medida que é atraído pela promessa da Nova Criação. E assim como a Igreja amadurece e muda, também os dons canônicos do Espírito, as Escrituras e os Credos, devem participar dessa transformação em desenvolvimento.

Eles não são artefatos estáticos, mas testemunhas vivas do amor infinito e vulnerável de Deus, moldados e moldando a jornada nascida do Espírito em direção ao futuro prometido por Deus.

A Igreja não descarta nem substitui os Credos, assim como não descarta ou substitui o cânone das Escrituras. Mas deve estar em constante reforma no uso fiel desses dons canônicos. Pois eles não contêm a plenitude do amor infinito e vulnerável de Deus; ao contrário, apontam para ele, nos impelem a ele e, às vezes, devem ser reinterpretados à luz dele. A promessa de Deus confiada a nós nas Escrituras e no Credo exige correção guiada pelo Espírito, não para apagar o passado, mas para cumpri-la com mais fidelidade. Ao longo da história da Igreja, há momentos em que os usos herdados devem dar lugar a novas interpretações, quando o Espírito compele o Corpo a se arrepender, a rever e a reeditar o que foi transmitido. Da releitura da Torá na carta aos Hebreus às realidades vividas pela Igreja de hoje, esse padrão se mantém. "A glória futura já começou", nos lembra John Wesley. Nada da fé da Igreja, passada, presente ou futura, se perde ou se descarta. Mas tudo é transfigurado e renovado, para que possa florescer à luz da Nova Criação.

A fé não cresce de forma uniforme, uniforme ou universalmente igual para todos, segundo um único cronograma. O amor cria raízes de diversas maneiras, em diversas vozes, em momentos diferentes. Mas ele sempre cresce e sempre muda à medida que se expande, de acordo com a energia expansiva do amor divino e cruciforme. O Criador Trino confiou à Igreja o uso fiel desses dons, desses meios de graça, como instrumentos pelos quais somos atraídos para a nossa glória final em comunhão com Deus. O futuro da criação, da Igreja e o futuro de Deus dependem dessa sagrada confiança. E, nas palavras de Charles Wesley, temos a certeza: "O Espírito não nos deixará errar o caminho da providência". O Espírito será fiel. Portanto, a Igreja também deve ser fiel, "não causando dano" (Wesley) às crescentes convicções e à vibrante diversidade de línguas que buscam falar com uma fé energizada pelo amor de Deus.

A verdade transmitida na Igreja amadurece com aqueles que a recebem. A doutrina, como a criação, recapitula, alcançando sua plenitude ao longo do tempo, à medida que a Igreja é atraída mais plenamente para o mistério que confessa. O amor infinito de Deus não pode ser esgotado ou contido pela doutrina de nenhuma geração. É por isso que a obra do Espírito não é descartar o que foi transmitido, mas iluminá-lo, expandi-lo e inscrevê-lo novamente nos corações e imaginações dos fiéis. Os meios de graça, as Escrituras, os Credos, os sacramentos, os ícones, os santos, não são barreiras ao crescimento, mas plataformas de lançamento para o mistério do amor de Deus.

É por isso que a doutrina deve ser proferida a partir do fogo do amor, ou então não ser proferida. Pois somente quando a doutrina é acesa na vida compartilhada de comunhão, em vez de imposta como controle, ela dá testemunho fiel do Deus que é amor. Somente quando as palavras são forjadas na oração, no culto e na vida compartilhada da Igreja, elas dão testemunho fiel dAquele que é amor. A doutrina não é uma fortaleza a ser defendida, mas uma chama a ser alimentada e compartilhada.

Doutrina no Ritmo da Graça

A doutrina fiel nunca deve se desvincular da Igreja; deve sempre crescer dentro dela. A doutrina não é imposta de cima nem fabricada isoladamente; ela surge, como afirmado anteriormente, da vida compartilhada de pertencimento da Igreja, moldada pela comunhão e sustentada pelo amor. Ela é discernida no ritmo do culto, da oração e da vida compartilhada. É forjada em comunidade, refinada pelo amor e animada pelo Espírito.

John Wesley compreendeu isso profundamente. Para ele, a fé nunca foi uma conquista individual, mas um dom da graça que vem envolto nas Boas Novas e cresce e evolui como um cântico comunitário. É por isso que ele insistiu em reuniões de classe, reuniões de bandas e sociedades, porque a doutrina fiel cresce melhor em círculos de confiança vulnerável e amizade duradoura, onde as Escrituras são discutidas, a oração é compartilhada e o amor é praticado. A doutrina não surge fora da graça e da humildade, mas como uma graça que toma forma por meio da linguagem do conhecimento fiel por meio do amor, uma gramática do amor discernida em comunidade e moldada pela obra contínua do Espírito de iluminar a verdade de Deus por meio da adoração, da oração e da vida compartilhada. A rica sabedoria das doutrinas da Igreja ilumina as muitas maneiras de conhecer por meio do amor.

Na visão wesleyana, os meios da graça não são meramente disciplinas, mas sim a própria e generosa entrega de Deus para formar Cristo em nós. Não raciocinamos em direção à verdade; somos atraídos a ela pelo Espírito, juntos. A noção de Wesley de que os mandamentos de Deus estão revestidos das promessas de Deus segue a oração de Agostinho e ecoa poderosamente o tema mais amplo do capítulo, de que Deus dá o que ordena por meio da graça capacitadora do Espírito em suas *Confissões:* "Conceda o que ordenar e ordene o que quiser". Assim, as doutrinas da Igreja são meios de graça que incorporam a fé em Cristo, que é repleta da energia do amor de Deus para garantir que falemos a gramática do amor e alcancemos o fim prometido por Deus na Nova Criação. A doutrina, sob essa luz, não é uma regulamentação fria por meio de códigos rígidos de conduta ou categorias absolutas de pensamento, mas uma articulação infundida pelo Espírito, uma gramática de pertencimento que nos convida a um relacionamento com o Deus Trino. Ela é moldada pela graça de Deus e ordenada em direção ao amor perfeito de Deus.

A doutrina não deve ser entendida como fórmulas abstratas, mas como formação corporificada, vista, por exemplo, na catequese batismal, na liturgia eucarística ou no lamento comunitário, entrelaçada nas práticas de oração, misericórdia, adoração e discernimento comunitário da Igreja, que moldam vidas em graça. A Igreja é um habitat de graça, e a doutrina é uma de suas práticas vivas. Assim como aprendemos a orar, a demonstrar misericórdia e a adorar, também aprendemos a confessar nosso amor e gratidão a Deus e a toda a criação. A doutrina não é, antes de tudo, um ato de apreensão intelectual ou lógica "a priori", mas uma linguagem recebida em amor. Assim como amamos porque somos primeiro amados por Deus, também conhecemos porque somos primeiro conhecidos por Deus. A gramática da fé nascida do amor torna-se a linguagem da fé da Igreja, sempre moldada pela graça.

E porque a doutrina cresce e se desenvolve dentro do Corpo de Cristo, seu objetivo nunca é a perfeição consumada, mas o amor perfeito que persevera, na esperança e na confiança fiel nas promessas de Deus. A doutrina não é uma arma para empunhar ou um código de pensamento para defender; é um meio de graça que nos aponta em direção ao fim prometido por Deus. Ela nos ensina como trilhar o caminho do amor e como caminhar juntos. Ela nutre a jornada da Igreja na esperança e na confiança, guiando os corações para a comunhão em vez da conformidade, convidando a uma vida compartilhada de graça e discernimento em vez da imposição rígida e fomentando a transformação mútua em vez do acordo uniforme. Ela nos ensina como confiar com a mesma fé e confiança de Cristo. Doutrina sem confiança nada mais é do que um código ruim, uma distorção que trai a própria fé que Cristo deu à Igreja.

A Igreja é o Corpo vivo e pulsante de Cristo, animado pelo Espírito e enraizado na comunhão do Deus Trino. As doutrinas da Igreja devem respirar com o mesmo Espírito que a inspira à existência. Elas devem permanecer flexíveis, humildes e sempre abertas ao fogo refinador do Espírito. Se nossas doutrinas não nos conduzem a uma misericórdia maior, a uma humildade mais profunda e a mais alegria pela vida do mundo, então deixamos de ouvir Aquele que fala por meio delas.

A doutrina pertence à Igreja não como um artefato, mas como uma companheira viva na peregrinação guiada pelo Espírito em direção ao futuro de Deus, animada pelo Espírito, que guia e renova a compreensão da Igreja enquanto ela se aprofunda cada vez mais no mistério do amor divino. Ao percorrermos juntos esse caminho, carregamos a doutrina não como uma relíquia de certeza, mas como um testemunho da graça: não controle, mas amor; não medo, mas alegria; não orgulho, mas confiança.

O Futuro da Doutrina

A doutrina não é o fim da conversa, é o convite para recomeçar, ecoando o anseio do Espírito por uma nova gramática de amor que brote da esperança e da comunhão, uma abertura que flui da obra contínua do Espírito de atrair a Igreja para uma fidelidade e um amor mais profundos, uma primeira palavra no diálogo em desenvolvimento do amor divino que se estende através do tempo e do espaço. A linguagem da fé deve ser sempre sustentada com humildade e admiração, porque Aquele que confessamos é inesgotável. A doutrina que esquece seu caráter provisório torna-se frágil, mais preocupada com a preservação do que com a transformação.

O Espírito não parou de falar. A doutrina deve permanecer aberta à obra contínua do Espírito, assim como a Igreja discerniu no Concílio de Jerusalém (Atos 15) como os gentios poderiam ser acolhidos na comunidade de fé sem a adesão à Lei Mosaica completa. Aquele momento de discernimento, em que os apóstolos confessaram: "pareceu bem ao Espírito Santo e a nós", permanece um modelo de abertura doutrinária: ouvir o Espírito, a tradição e o testemunho vivido da comunidade na vida da Igreja e do mundo. Isso não quer dizer que tudo esteja sempre em jogo, mas que a Igreja deve estar sempre à escuta, discernindo a voz do Espírito por meio dos clamores do mundo, da beleza da criação, do testemunho dos santos e do sopro da oração. A Igreja é a nova maneira de Deus estar no mundo, a morada do Espírito, chamada a falar não apenas a partir do que foi, mas em direção ao que será.

A inseparabilidade do passado, presente e futuro é fundamental para a forma como a doutrina vive, refletindo o caráter do amor de Deus, desdobrando-se, porém consistente, sempre fiel e sempre novo. O Verbo que falou todas as coisas à existência é o mesmo Verbo que se fez carne e promete fazer novas todas as coisas. O Criador não formou a criação simplesmente como um recipiente estático para a ação divina, mas como o próprio lugar no qual Deus compartilharia e confiaria o Seu futuro a toda a criação.

Do princípio ao fim, a criação está sempre permeada pelo amor de Deus, amor que une passado e futuro sem separação, formando-se para crescer, evoluir e expandir-se da mesma maneira que Deus escolheu crescer, evoluir e expandir-se em comunhão com a criação. Desde o primeiro sopro do Criador até o futuro Verbo da Nova Criação, tudo vive, se move e respira com a energia do amor divino. É por isso que o nosso fim já está presente no nosso princípio, e o nosso princípio aguarda o seu cumprimento prometido no fim. A doutrina vive nessa mesma tensão escatológica. Ela nunca é final ou fixa, porque o amor de Deus está em constante desenvolvimento. A doutrina deve crescer e mudar, não para trair seu passado, mas para cumprir a profundidade de seu chamado por meio da presença orientadora do Espírito Santo, que conduz a Igreja cada vez mais profundamente no mistério do amor divino: um chamado enraizado no amor como lente interpretativa da Igreja e na tradição como comunhão participativa com o Espírito que atrai a Igreja cada vez mais profundamente para o mistério de Cristo ao longo do tempo: para dar testemunho do amor que está sempre se tornando mais.

Quando verdadeiramente ouvimos a Palavra, somos impelidos a responder, não com repetição, mas com uma nova palavra. A doutrina, portanto, não é um eco da Palavra falada, mas uma conversa fiel que é uma participação no amor divino que está sempre falando, convocando e desejando nossa fiel resposta de amor. É a Igreja respondendo a Deus e ao mundo com a linguagem da fé, continuamente expandida pelo amor, transfigurada pela oração e aberta à irrupção do Espírito.

John Wesley ensinou que todas as promessas futuras de Deus estão presentes em cada mandamento, ressaltando sua visão da graça como iniciativa divina que possibilita a resposta humana e conecta a esperança escatológica da Igreja com sua participação fortalecida pelo Espírito no desdobramento do amor divino. Em outras palavras, quando Deus fala, isso acontece, e o futuro prometido por Deus já está acontecendo. A esperança, portanto, não é um sentimento vago de pensamento positivo; é a presença ativa do Espírito nos atraindo para a plenitude prometida do amor perfeito. A doutrina, quando vive nessa esperança plena de fé, torna-se um veículo de imaginação e amor corajoso. A verdade jamais é separável da beleza e da bondade; a doutrina deve irradiar o esplendor do amor divino para dar testemunho fiel. Sua visão da estética teológica nos lembra que a doutrina não pode meramente informar; ela deve inspirar, iluminar e nos convidar para o drama do amor de Deus que se desdobra na história e na esperança. A doutrina, quando moldada pelo amor e transfigurada pela beleza, torna-se uma harmonia que revela o esplendor da verdade de Deus, uma sinfonia de discurso fiel que participa da doxologia, unindo-se à adoração e ao louvor da Igreja ao Deus Trino (a verdade é, como Hans Urs von Balthasar frequentemente disse, sinfônica!). Falar doutrina, portanto, é refletir a beleza da amorosa entrega de Deus ao mundo.

Sob essa luz, a doutrina não se trata de respostas finais ou credos acabados. Trata-se de discurso fiel forjado em amor. Trata-se de testemunhar o amor infinito e vulnerável que é Deus, de eternidade a eternidade. Continuidade e mudança marcam a vibração e a saúde da fé da Igreja, que aspira a falar com a gramática do amor de Deus. A doutrina sempre muda, cresce e evolui quando é formada pelo amor. Como poderia não ser? A doutrina que cresce em amor ajuda a corrigir a tradição e a protegê-la de se tornar fé morta à medida que avança em direção à promessa da Nova Criação. Mas a doutrina fiel também cresce em continuidade com a fé viva da tradição. Tal mudança doutrinária em meio ao fluxo e refluxo da vida não abandona simplesmente as formulações doutrinárias tradicionais em nome da mudança; ao contrário, ela leva adiante a fé do passado, permitindo que a tradição viva se aprofunde e se amplie à medida que o Espírito atrai a Igreja mais plenamente para o mistério do futuro de Deus. A esperança escatológica é o que mantém vivas as doutrinas da fé, e a energia do amor de Deus as anima em direção ao seu fim doxológico.

A esperança teológica anseia por um tempo em que a doutrina e o amor serão uma só canção, quando todas as línguas confessarão e todas as vozes se erguerão em harmonia. Esta é a promessa da Nova Criação. A doutrina, em sua melhor forma, participa dessa promessa não fechando o livro, mas virando a página.

É por isso que a doutrina deve ser proferida a partir do fogo do amor, ou então não ser proferida, pois somente então pode se tornar doutrina encarnada, um testemunho fiel do amor que arde no coração do futuro de Deus. Assim como toda a criação geme de anseio por contemplar o rosto de Deus e receber as palavras de amor infinito e vulnerável da irrupção da Nova Criação, Deus também anseia, com alegria e expectativa, por ouvir de nós uma gramática de amor totalmente nova. A doutrina, para ser fiel, deve surgir desse anseio compartilhado: a expressão inspirada pelo Espírito de um povo transfigurado pela esperança, aprendendo a falar novamente na linguagem da glória.

A doutrina fiel só é proferida a partir do fogo do amor. Pois toda a criação geme para ver o rosto do Pai, para ouvir a voz do Filho, para respirar com o Espírito que traz o mundo à vida. Das profundezas do nosso anseio e das alturas da misericórdia de Deus, o amor fala, arriscando novas palavras, expandindo velhas formas, acendendo uma gramática não mais presa pelo medo, mas libertada pela graça. E assim como Deus fala, Pai, Filho e Espírito Santo, também Deus anseia por ouvir de nós: um novo som que surge da comunhão dos santos, uma linguagem nascida da alegria ferida e da esperança radiante, uma doutrina transfigurada pelo amor que renova todas as coisas.

Capítulo Dois
A Doutrina como Linguagem da Fé Nascida do Espírito

A necessidade de falar, a fé busca a linguagem

A fé, uma vez despertada pelo Espírito, não pode permanecer em silêncio. Ela arde para falar a partir da chama do amor de Deus. Como Agostinho afirma nas *Confissões* (X.6.8), a alma que ama a Deus anseia por cantar. Esse anseio por cantar está enraizado em sua teologia mais profunda do desejo e da memória, onde a memória não é meramente recordação, mas a câmara interior da alma onde Deus habita e fala. A doutrina, sob essa luz, é o ato fiel da Igreja de recordar em amor, nomeando e respondendo ao que o Espírito despertou na alma. Assim como o coração de Agostinho estava inquieto até encontrar descanso em Deus, também a doutrina surge do desejo do coração de nomear e louvar o Deus que nos amou primeiro. Assim como o Verbo fala toda a criação à existência, esse mesmo Verbo é o Amor que é Deus, e esse Amor que incorpora a fé busca expressão. À medida que a fé começa a falar com a gramática da graça, ela não começa como um assentimento intelectual à crença ou mesmo uma apreensão de ideias abstratas. A fé começa quando estendemos a mão para falar em atos de misericórdia e compaixão e, quando necessário, com palavras de significado e gratidão por esse amor indescritível.

A fé está sempre buscando uma linguagem, não para controlar o mistério, mas para responder ao amor infinito e vulnerável de Deus que cresce no coração dos fiéis. É o desejo de nomear o que foi sentido, de confessar o que foi revelado, de louvar o Deus que já falou. A doutrina começa aqui: a fé buscando palavras na esteira do amor de Deus. E a Escritura, o testemunho inspirado pelo Espírito da ação de Deus no mundo, oferece à Igreja sua linguagem fundamental de amor.

Credo como Confissão, Linguagem Primitiva do Amor

Os primeiros credos da Igreja não eram instrumentos de controle. Eram confissões de admiração, uma linguagem formada no coração de um povo em oração, moldada na fornalha da adoração, do testemunho, da perseguição e do louvor. Antes que a doutrina fosse definida, a fé era confessada.

"A Regra de Fé" (*regula fidei*), uma frase usada por Irineu e Tertuliano, não era uma lista de verificação, mas uma memória viva do encontro da Igreja com o Deus revelado em Jesus Cristo. Foi transmitida em forma doxológica, repetida em liturgias batismais, sussurrada por mártires e cantada em catacumbas. Como Irineu articula em *Contra as Heresias* (1:10.1; 3:4.2), essa transmissão não era um ensaio estéril de dogma, mas a memória viva do amor, doutrina moldada pelo encontro íntimo da Igreja com Cristo crucificado e ressuscitado. Para Irineu, a regra de fé era uma salvaguarda contra a distorção, não por meio de coerção, mas por ancorar a proclamação da Igreja na narrativa do amor divino revelado em Jesus. Era teologia como memória, não manipulação; doutrina como amor lembrando.

Os credos começaram como orações comunitárias que sustentavam a essência do Evangelho em meio a afirmações conflitantes e distorções crescentes. O Credo dos Apóstolos e o Credo Niceno surgiram não de uma sede de controle, mas de uma necessidade pastoral de expressar a fé compartilhada no Deus Trino. Cada credo surgiu de circunstâncias históricas e eclesiais distintas, respondendo à confusão teológica, à preocupação pastoral e à necessidade de preservar a unidade diante da crescente diversidade dentro da Igreja primitiva. Esses credos eram a poesia da fé da Igreja, respostas cuidadosamente elaboradas ao amor divino.

Mesmo antes dos credos formais, havia outro credo pulsando nos primeiros encontros, uma confissão que São Paulo pode estar citando em Gálatas 3:28: "Já não há judeu nem grego... porque todos vocês são um em Cristo Jesus". Gálatas 3:28 desafiou as hierarquias sociais prevalecentes ao dissolver as distinções étnicas, sociais e de gênero em Cristo. Redefiniu o pertencimento não pela cidadania romana ou pela ordem patriarcal, mas pelo batismo em uma comunidade radicalmente inclusiva moldada pelo amor libertador do Espírito. Essa confissão paulina inicial proclamava uma nova identidade fundamentada na solidariedade divina e na igualdade eclesial. Proclamou o pertencimento, reformulou a identidade e fundamentou a unidade no amor de Deus.

A doutrina nunca teve a intenção de dividir, mas sim de unificar. Ela expressava a realidade de um povo que se tornara uma nova criação, um Corpo vivo de Cristo, enraizado na unidade do Deus Trino. John Wesley ecoou isso ao chamar a Igreja de "a nova habitação de Deus no Espírito", uma frase fundamentada em suas *Notas* sobre Efésios 2:22, onde interpreta isso como o Espírito formando os crentes em uma morada para Deus por meio da habitação e do amor mútuos, enfatizando a presença do Espírito entre os fiéis. Essa ideia também se reflete em seus sermões, como "O Espírito Católico" e "Cristianismo Bíblico", onde Wesley vincula a verdadeira fé não a formas institucionais, mas a uma comunidade animada pelo amor divino e pela conversação santa. Para Wesley, a doutrina nunca foi separada dessa visão comunitária e cheia do Espírito da Igreja. A doutrina, portanto, é a linguagem do amor de comunhão, com Deus, uns com os outros e com toda a criação.

Os credos, em sua melhor forma, dizem: Vimos o Senhor. Conhecemos o Seu amor. Este é o nosso testemunho. Eles se curvam diante do mistério. São as palavras da Igreja para o indizível, formadas em adoração e oração.

John Wesley valorizava os credos históricos, mas não como portas da ortodoxia a serem policiadas. Sua inclusão do Credo dos Apóstolos no Culto Dominical dos Metodistas de 1784 demonstra como ele entendia os credos como instrumentos de devoção e formação, em vez de exclusão. Ele os via como guias para a devoção. Ele incluiu o Credo dos Apóstolos no culto metodista não como um teste, mas como um meio de graça. Os credos, para Wesley, pertenciam à linguagem da oração e da vida santa.

O mesmo se aplica aos hinos de Charles Wesley, que funcionam como credos líricos. Por exemplo, em "E Pode Ser", Wesley proclama: "Minhas correntes caíram, meu coração estava livre, eu me levantei, fui adiante e te segui", uma declaração de credo de libertação, justificação e discipulado em forma poética. "E pode ser", "Amor divino" e "Vem, Tu, Jesus há muito esperado" são confissões cantadas, poderosas não apenas pela precisão doutrinária, mas por seu anseio doxológico.

Falar dos credos da Igreja como confissão doxológica leva naturalmente a uma questão mais profunda: como a Igreja sustenta, molda e transmite essa linguagem de amor através das gerações? A resposta é a doutrina, a gramática de pertencimento da fé, forjada na comunhão e vivida em comunidade.

Doutrina como gramática do pertencimento

Ao considerar os credos como as primeiras confissões de amor da Igreja, surge naturalmente a pergunta: como tal linguagem é aprendida e sustentada? A doutrina funciona como a gramática dessa fé, unindo identidade, memória e comunidade em uma linguagem moldada pelo Espírito. Inspirar-se em vozes teológicas que aprofundam essa visão pode nos ajudar a ver a doutrina não apenas como gramática, mas como formação, imaginação e comunhão.

Se a fé da Igreja confessada no Credo é uma poesia de amor, então certamente as doutrinas da fé da Igreja contêm a gramática da pertença. Não se trata de criar limites doutrinários por si só, mas sim de criar espaço para a comunhão, a conversa e a imaginação. A doutrina oferece à Igreja uma maneira de nomear sua vida em Deus, de preservar sua memória e de transmitir sua fé em uma linguagem que convida em vez de excluir.

Esta gramática não está separada da vida; ela é aprendida através do pertencimento. A doutrina não é simplesmente proposicional. É relacional. Ela não funciona meramente para declarar o que é verdadeiro, mas para formar um povo que viva verdadeiramente em amor. É por isso que a doutrina é aprendida em comunidade; ela é assimilada tanto quanto é ensinada. A confissão doutrinária nunca é apenas cognitiva, mas profundamente confiante; é um ato de confiar no Deus que se faz conhecido no relacionamento, formando a imaginação moral e relacional da Igreja; molda como vivemos uns com os outros antes de definir o que cremos. É relacional, participativa e enraizada na adoração e no testemunho da comunidade. O objetivo não é o domínio, mas a participação. Conhecer as doutrinas da Igreja não é meramente recitá-las, mas ser atraído por sua música, seu movimento, seu significado.

É por isso que a vitalidade doutrinária depende da presença do Espírito. Quando se perde o espaço eclesial para conversas em evolução na fé e na imaginação, a doutrina torna-se estática e restritiva, e logo começa a sufocar a vida de fé repleta do ânimo do amor. A doutrina que não respira mais não é mais fiel. Ela deve permanecer flexível, responsiva e enraizada na comunhão contínua do Espírito.

O teólogo George Lindbeck chamou a doutrina de uma "estrutura cultural-linguística", contrastando-a com as abordagens mais proposicionais da teologia evangélica e o foco experiencial da teologia liberal. Seu modelo enfatiza que a doutrina é menos sobre declarar verdades objetivas ou expressar a experiência interior, e mais sobre habitar a linguagem e as práticas de uma comunidade que formam um modo de vida coerente, um tipo de gramática pela qual a Igreja aprende a falar a verdade sobre Deus e fielmente sobre si mesma. Em *The Nature of Doctrine,* Lindbeck contrasta três modelos de doutrina: o modelo cognitivo-proposicional, que vê a doutrina como um conjunto de declarações de verdade universais; o modelo experiencial-expressivo, que vê a doutrina como a articulação simbólica da experiência religiosa interior; e o modelo cultural-linguístico, que trata a doutrina como a linguagem e a gramática comunitárias que formam um modo de vida religioso. Este último modelo destaca como a doutrina funciona não principalmente para expressar proposições ou sentimentos, mas para moldar a identidade comunitária e a imaginação teológica dentro de uma tradição viva. Como qualquer língua, a doutrina é aprendida em comunidade, por meio da liturgia, das Escrituras, dos sacramentos e do serviço. O objetivo não é simplesmente conhecer as palavras certas, mas ser moldado por elas, para deixar o amor falar através da linguagem compartilhada da fé.

Tal amor preserva a memória sem se tornar rígido. Nesse sentido, a doutrina não apenas fala, mas também treina a Igreja a viver seus amores mais profundos. Jaroslav Pelikan nos lembrou que "a tradição é a fé viva dos mortos", enquanto "o tradicionalismo é a fé morta dos vivos". A doutrina vive quando respira, quando lhe é permitido falar em novas línguas e ressoar com as experiências de cada geração. A doutrina, em seu sentido mais verdadeiro, é a tradição viva, a fé ainda falando, ainda respondendo à presença do Espírito na Igreja.

A doutrina nunca se resume a ideias. Trata-se de identidade, memória e relacionamento. Ela nos diz quem somos, de quem somos e como devemos viver. A Igreja primitiva não desenvolveu a doutrina em abstração; ela o fez para permanecer fiel ao Deus que conheceram em Cristo e para preservar a unidade de amor que o Espírito havia criado entre eles.

A doutrina, portanto, é a gramática do amor, falada não apenas sobre Deus, mas em Deus. As formações doutrinárias emergem das profundezas contemplativas, não apenas moldando a linguagem, mas também iluminando o significado teológico de gênero, poder e identidade eclesial, da abertura orante ao Espírito, onde o desejo, o silêncio e a comunhão moldam a linguagem fiel. A contemplação não é um retraimento passivo, mas uma postura transformadora que gera clareza teológica e percepção doutrinária. Dessa perspectiva, a oração se torna o cadinho no qual a linguagem sobre Deus é purificada, moldada e sustentada. Ela nos atrai para o ritmo da Trindade, uma comunhão divina de doação e recebimento mútuos. E, como John Wesley insistiu, a doutrina correta não se trata de especulação, mas de transformação. Ela visa renovar nossas mentes, moldar nossos corações e nos capacitar a viver vidas santas marcadas pelo amor.

É por isso que, para Wesley, o teste da doutrina sempre foi o seu fruto na vida do crente e da comunidade. Se não edificasse, santificasse e edificasse, deveria ser reexaminado. O amor era a medida.

Ao mesmo tempo, Wesley compreendia os riscos. A doutrina torna-se perigosa quando é retirada da comunidade, desvinculada do amor e usada como instrumento de exclusão. Mas quando a doutrina permanece enraizada na oração, no louvor e na vida sacramental, ela se torna uma linguagem que nos conduz a uma união mais profunda com Deus e uns com os outros.

Confessar a doutrina, portanto, não é simplesmente declarar o que cremos, é unir-se ao discurso compartilhado da Igreja. É dizer: isto é quem somos. É assim que vivemos em amor e estabelecemos nossa pertença.

Dogma e o Risco do Controle

O dogma é a fé confessada da Igreja, a expressão estabelecida das convicções mais profundas da Igreja sobre o amor de Deus e a forma da salvação. Mas quando o dogma é confundido com uma ferramenta de controle em vez de um testemunho de amor, ele se torna frágil e perigoso.

A regra de fé precedeu e moldou a formação do cânon das Escrituras pela Igreja, enfatizando que foi a experiência vivida da Igreja primitiva com Cristo ressuscitado que gerou a autoridade do cânon, e não o contrário. Essa identidade prévia na fé e fidelidade a Cristo é essencial para qualquer leitura e interpretação fiel das Escrituras. O Espírito é a fonte da regra de fé da Igreja, que precede tanto os Credos quanto as Sagradas Escrituras. Quando a Igreja se esquece disso e começa a usar esses dons como instrumentos de preservação institucional em vez de comunhão divina, ela deixa de ser uma fiel administradora da graça.

A história oferece lembretes preocupantes: da Inquisição às racionalizações teológicas para a conquista colonial e a escravização de povos indígenas em doutrinas como a "Doutrina da Descoberta". O dogma tem sido mal utilizado para preservar o poder em vez de servir ao amor. E quando isso acontece, os sacramentos sofrem. Quando os limites doutrinários se tornam ferramentas de exclusão, a pia batismal se torna um portão em vez de um lugar de boas-vindas, a mesa, uma barreira em vez de um banquete. A exclusão de mulheres e leigos da voz e da liderança teológicas revela como o mau uso do dogma mina os dons do Espírito para todo o Corpo.

Contudo, mesmo aqui, a graça nos chama para a frente. A substância da fé é o amor, o amor de Deus. Não afirmações abstratas de verdade, nem ideias conceituais sobre Deus, mas o amor infinito e vulnerável que é Deus. Isso significa que a fé que nos é dada pela energia do amor está sempre se desdobrando e se expandindo; a Verdade é o amor infinito e vulnerável que é Deus. À medida que crescemos em comunhão com Deus, nossas expressões de fé também devem crescer e se expandir. Como não poderiam, quando nossa fé está repleta da energia do amor infinito e vulnerável de Deus?

O frequentemente citado "banco de três pernas" de Richard Hooker, composto por Escritura, Razão e Tradição, descreve uma hierarquia estruturada pela qual a doutrina da Igreja se fundamenta e se desenvolve ao longo do tempo. Para Hooker, a Escritura detém a autoridade primária; a razão, iluminada pela graça, serve para interpretá-la; e a tradição, como memória comunitária da Igreja, é moldada e corrigida por ambas. Esse modelo sustentou a integridade do testemunho teológico da Igreja ao longo das gerações. No entanto, é crucial lembrar que, antes de haver um cânone das Escrituras ou um Credo da Igreja, houve a experiência de Cristo ressuscitado, um encontro com o amor infinito e cruciforme de Deus. É esse encontro inspirado pelo Espírito que deu origem tanto à fé quanto à gramática do amor da Igreja. John Wesley, herdando a estrutura anglicana de Hooker, afirmou essa estrutura, mas acrescentou a experiência como uma dimensão vital, não para privilegiar a subjetividade individual ou privada, mas para enfatizar que a doutrina surge da obra contínua do Espírito no encontro vivido. Na visão de Wesley, a teologia não começa com princípios abstratos, mas com a presença transformadora do Deus Trino, que deve ser conhecido, amado e adorado.

No entanto, à medida que o Iluminismo dava cada vez mais ênfase à racionalidade dentro da Igreja da Inglaterra, doutrinas como a Trindade eram frequentemente marginalizadas, vistas mais como enigmas intelectuais do que como convites à vida divina. Foi precisamente contra essa tendência racionalista que William J. Abraham apresentou sua conhecida crítica ao Quadrilátero Wesleyano, popularizada por Albert C. Outler. E, em resposta, propôs o "teísmo canônico", uma estrutura teológica fundamentada não em critérios abstratos, mas nas práticas vividas e nas estruturas autoritativas da Igreja histórica.

Abraham advertiu que, quando a Escritura, a Tradição, a Razão e a Experiência são tratadas como fontes independentes ou critérios de verdade, fomentam a arrogância teológica e diluem a primazia da revelação divina. Em vez disso, argumentou Abraham, esses quatro são melhor compreendidos como meios de graça, canais pelos quais o Espírito atrai a Igreja à comunhão com o Deus vivo. Eles não possuem autoridade autônoma; sua importância surge apenas na medida em que são vivificados pelo Espírito. Sob essa luz, a doutrina, quando moldada em humildade e fundamentada no amor, torna-se não um sistema de controle, mas um convite participativo para o futuro de Deus. A verdadeira autoridade da Igreja não é o quadrilátero em si, mas o Deus que fala por meio dele, e cuja Palavra final, como testifica a Escritura, é Amor (1 João 4:8).

Quando a doutrina é congelada, torna-se um ídolo. Mas quando respira com o Espírito, torna-se uma fonte: formando a fé, aprofundando a comunhão, guiando a Igreja no amor. Mesmo as nossas formulações mais queridas devem ser mantidas de braços abertos, sempre sujeitas à obra de amor refinadora do Espírito. O conservadorismo pode preservar o valor, mas quando recusa o risco, revela falta de fé. A fé vive do desapego e da escuta renovada.

O dogma não morre quando é examinado com amor; morre quando tratado como intocável, porque presume ter certeza de sua fé e esquece que somente o Espírito sustenta a doutrina como verdade viva em comunhão. A Igreja deve lembrar: os Credos não são fins em si mesmos. São ecos da Palavra, sinais sacramentais que apontam para além de si mesmos, como Wesley afirmou em seu uso devocional e como os Padres da Igreja frequentemente praticaram em sua formulação doxológica. A Palavra jamais pode ser contida ou esgotada. O Espírito continua falando.

Mas o dogma não precisa se tornar um peso morto. Quando corretamente sustentado, ele retorna à sua origem com reverência. Afinal, o objetivo de toda doutrina não é dominar a verdade, mas adorar o Deus que é Amor. Somos atraídos agora para o propósito mais profundo da doutrina: o louvor.

Doutrina como Doxologia

Se a doutrina é a linguagem de fé da Igreja, ela deve retornar à sua fonte mais profunda: o louvor. Todo discurso verdadeiro sobre Deus deve, em última análise, tornar-se doxologia.

Doutrina nunca é apenas definição. Na melhor das hipóteses, é devoção tornada inteligível. É teologia elevando-se à oração, reflexão dando lugar à adoração. Os hinos de Charles Wesley são confissões musicadas, credos líricos destinados a serem lembrados no coração.

Para John Wesley, doutrina não era apenas o que a Igreja acreditava, mas como a Igreja acreditava. Se a doutrina não leva à adoração, algo está faltando. A doutrina se torna doxologia quando passa de algo que defendemos para algo em que nos deleitamos, não porque possuímos a verdade, mas porque fomos possuídos pela Verdade que é Amor.

Quando a doutrina esquece suas raízes doxológicas, torna-se defensiva e seca. A verdadeira clareza doutrinária não surge da certeza polêmica, mas da abertura contemplativa, uma postura especialmente vital em uma era de polarização doutrinária, onde a atenção orante pode abrir caminhos para a comunhão em vez da divisão, uma profundidade de atenção orante que incorpora a apófase e a vulnerabilidade de gênero como centrais à tarefa teológica, o tipo de atenção amorosa na oração que molda a alma antes que ela molde a frase. Mas quando se lembra de sua fonte, torna-se um meio de graça, ajudando-nos a nomear o Deus que ainda está falando.

Doutrina é oração. É a longa e ininterrupta oração de confiança da Igreja, entrelaçada em sua liturgia diária, expressa em seus credos e sustentada pelo Espírito ao longo de séculos de louvor. Cada vez que dizemos "Eu creio", estamos entrando em um relacionamento. Unimos nossas vozes às da Igreja de todas as épocas na adoração ao Deus que nos amou primeiro.

É por isso que a forma trinitária da fé wesleyana é tão importante: ela ancora a doutrina na humildade e no louvor, lembrando-nos de que toda a linguagem teológica flui do amor mútuo entre Pai, Filho e Espírito. Tudo vem do Pai, é revelado no Filho e derramado em nossos corações pelo Espírito. Este é o círculo eterno de amor que anima a doutrina.

O teste final da doutrina não é se ela é sistemática, mas se nos ajuda a amar. Traz alegria? Humildade? Maravilha? Ainda consegue cantar?

A doutrina não é uma parede, é uma janela. Não uma gaiola, mas uma vela. Como John Wesley ensinou, a doutrina é um meio de graça, um caminho através do qual a luz do amor de Deus brilha em nossas vidas, convidando-nos não à contenção, mas à comunhão. Ela reflete a Luz do mundo. Quando nos leva a louvar, a chorar, a ajoelhar, ela cumpriu seu propósito.

E, no entanto, a Igreja não vive apenas de memória. Assim como a doxologia ergue seus olhos para a promessa, também a doutrina fiel deve inclinar-se para a esperança. Qual é, então, o futuro da doutrina? Que tipo de discurso fiel servirá ao mundo vindouro?

Fé e Doutrina no Futuro da Igreja

O Espírito de Deus está sempre conduzindo a Igreja para a frente, não para longe de seus fundamentos, mas para dentro deles. Como a criação gemendo por redenção em Romanos 8, ou a Nova Jerusalém descendo em Apocalipse 21, a Igreja caminha em direção ao futuro prometido por Deus não recuando de suas raízes, mas aprofundando-se nelas com uma expectativa cheia de esperança. A doutrina, quando fiel, torna-se o eco desse impulso para a frente, um testemunho do Espírito que renova todas as coisas. A doutrina fiel sempre participa desse movimento de avanço do gemido da criação e da promessa da Nova Criação.

Jurgen Moltmann, o renomado autor de *Uma Teologia da Esperança*, nos lembra que "o cristianismo é escatologia" e que a doutrina que resiste à mudança falha não simplesmente porque é falsa, mas fundamentalmente porque esquece a verdade cristã impulsionada pelas brisas sustentadoras da esperança.

Ao olharmos para o futuro, devemos nos perguntar: Que tipo de doutrina falará a um mundo ferido? Um mundo marcado pelo colapso ecológico, pela divisão racial, pela desigualdade econômica e pela desilusão espiritual clama não por abstrações, mas por uma verdade encarnada. Teologias de exclusão, triunfalismo ou racionalismo frio não podem curar tais feridas. O que é necessário é uma doutrina que se curve em amor, fale com lamento e esperança e testemunhe o Cristo crucificado e ressuscitado, cujas feridas agora irradiam glória. Nossa teologia ainda pode convidar à confiança, acender a alegria e proclamar o pertencimento?

Pelo poder do Espírito, a resposta é sim.

Sim, porque os credos nasceram do amor, e esse amor ainda fala. Sim, porque o fogo que acendeu nossas doutrinas não se apagou. Sim, porque o Espírito que formou a Igreja ainda a guia.

O futuro da doutrina pertence àqueles que recebem o passado como dádiva e promessa, não como uma relíquia a ser preservada, mas como uma semente viva a ser cultivada. Essa ressonância abre espaço para novas formas de doutrina moldadas pela presença do Espírito em lugares inesperados, para uma teologia ecológica que ouve o gemido da criação, para o diálogo inter-religioso que honra o anseio mútuo pela verdade, para liturgias digitais que levam o louvor através de novas fronteiras. O futuro da doutrina será expresso em muitas línguas e transmitido por comunidades que ousam acreditar que o amor sempre tem mais a dizer. A tradição não vive como repetição, mas como ressonância.

Geoffrey Wainwright disse certa vez que "a teologia, para ser sólida, deve cantar", um reflexo de sua convicção de que a adoração e a visão escatológica não são opcionais, mas centrais para a vitalidade e a solidez da doutrina. A doutrina deve se juntar ao cântico eterno da Igreja, uma doxologia que antecipa a plenitude do amor ainda por vir.

John Wesley ensinou que a Igreja deve sempre caminhar rumo à perfeição, não apenas como uma aspiração pessoal, mas como um chamado comunitário moldado por práticas compartilhadas de graça e amor, não com orgulho, mas com amor. Ele imaginou um povo cuja doutrina fosse santa, cujos corações estivessem em chamas, cujas vidas fossem liturgias de graça.

Portanto, retornamos ao Espírito e à Palavra. A Igreja não existe como uma instituição que guarda a verdade, mas como comunhão no Espírito, um antegozo da vida escatológica onde a doutrina ressoa com a liberdade do amor divino. Para uma Igreja reunida em oração, inflamada pela afeição divina, ainda aprendendo a falar o que o amor tornou conhecido. Retornamos à doutrina como uma linguagem de esperança e desejo santo, nascida do Espírito.

E assim a Igreja canta:
Acreditamos no Amor feito carne,
Que falou no fogo e ainda sussurra na chama.
Acreditamos no Espírito, sempre novo,
Inspirando velhas verdades em línguas futuras e verdades futuras
em línguas antigas.
Acreditamos na Igreja, gramática viva da graça de Deus,
Ainda falando, ainda se tornando,
Ainda ecoando a alegria do mundo vindouro.

O futuro da doutrina não é um sistema de controle, mas um cântico de fé, uma melodia de esperança que se inclina para o futuro vindouro de Deus. Não se limita à preservação, mas é composto em antecipação, moldado por Cristo ressuscitado, cujo triunfo sobre a morte nos assegura que o amor terá a palavra final, um cântico levado adiante pelo Espírito, ecoando em direção à renovação de todas as coisas, uma Igreja que encarna a doutrina como sua confissão viva de fé.

À medida que a Igreja caminha em direção ao mundo, a gramática da doutrina deve ser incorporada no testemunho do amor.

E assim, a Igreja espera: Não na nostalgia, mas na Nova Criação. Não na maestria, mas na misericórdia. Não na certeza, mas na comunhão. Cremos que o Amor infinito e vulnerável que é Deus sobreviverá à sepultura, que o Espírito nos ensinará a cantar novamente, e que a doutrina, como o sopro, se erguerá com alegria em todas as línguas, em direção à Luz do amanhã de Deus.

Capítulo Três
Doutrina Encarnada
A Igreja como Confissão Viva de Fé

Da Comunhão ao Credo

A doutrina surge da vida compartilhada de amor, não como sua pré-condição, mas como sua expressão, desafiando qualquer explicação que trate a doutrina como um conjunto de proposições prévias. É o amor que precede e gera a necessidade de articulação. Nesse sentido, a doutrina não é uma porta de entrada para o pertencimento, mas a linguagem que dela nasce, uma linguagem forjada na comunhão, não na abstração. A doutrina é um testemunho vivo da fé e da fidelidade a Cristo, expressas por meio das práticas comunitárias da Igreja e sustentadas em seus hábitos de graça.

Não falamos para pertencer. Falamos porque já pertencemos. Na economia do amor de Deus, a comunhão precede a confissão. O fogo do amor divino desce não como recompensa pela fé correta, como o Pentecostes tão vividamente revela, mas como a presença geradora que cria a própria possibilidade da fé. A partir dessa sagrada comunhão, *koinonia,* somos atraídos, despertados e reunidos na vida compartilhada de Deus. E só então, à medida que o amor se enraíza em nós, nos vemos precisando da linguagem para expressar o que já se tornou realidade.

Esta é a verdadeira ordem do conhecer e do amar na Igreja: da comunhão à fé, do pertencimento à crença, da comunhão ao credo, uma sequência que incorpora a própria lógica do título deste capítulo, "Doutrina Encarnada". Afirma que a confissão doutrinária da Igreja não é, antes de tudo, um assentimento intelectual, mas uma resposta vivida à graça já recebida e compartilhada. A grande tentação do cristianismo institucional sempre foi inverter esse fluxo, insistir que a confissão deve vir primeiro, que a doutrina correta é o passaporte para o pertencimento. Mas não foi assim que a

Igreja primitiva foi formada. Nem é assim que o Espírito opera.

Os primeiros credos não foram concebidos como instrumentos de controle, mas como respostas à graça, e continuam a oferecer à Igreja um modelo de testemunho doutrinário fundamentado na comunhão vivida e sustentado pelo Espírito, uma confissão viva que a Igreja ainda deve encarnar hoje, formada na vida de um povo que encontrou Cristo ressuscitado. Eles emergiram de comunidades de adoração, oração e sofrimento, daqueles batizados na água, no fogo e no Espírito. A regra de fé, tal como circulou nos séculos II e III, foi transmitida não por meio de debates sistemáticos, mas pela vida litúrgica e pela missão da Igreja. A tradição ortodoxa foi moldada não apenas pela polêmica, mas pela memória vivida de pessoas devotas que conheciam a verdade do Evangelho porque experimentaram o seu amor. Este é o padrão de verdade que segue a lógica salvífica do Evangelho, o padrão pelo qual o amor precede o conhecimento, a graça precede a formulação e a doutrina flui da obra transformadora do Espírito na vida da Igreja.

A formação doutrinária cristã primitiva ocorria por meio de ritos batismais, catequese e orações eucarísticas, em vez de fórmulas impostas. Dessa forma, os credos não criavam a unidade da Igreja, eles a nomeavam. A Igreja já estava unida pelo Espírito que derramava o amor de Deus em seus corações. E, com o tempo, o povo de Deus começou a falar: Confessamos nos Credos que "Cremos em um só Deus...", não para estabelecer uma fórmula de aceitação e pertencimento, mas para expressar o amor que já ardia entre eles.

O Credo dos Apóstolos, o Credo Niceno e até mesmo as primeiras confissões batismais nasceram desse tipo de comunhão imbuída de amor Trino. Os primeiros credos cristãos surgiram organicamente como formas de moldar a memória e sustentar a unidade, não para substituir o mistério pelo controle, mas para preservá-lo em linguagem compartilhada. Os credos deram voz a uma comunhão já viva pela graça. O verdadeiro contágio foi a comunhão e a comunhão com Deus e uns com os outros, e a linguagem da fé expressa em suas doutrinas e credos foi forjada para manter aceso o fogo do amor unitivo nessas amizades com Deus e uns com os outros, pela vida do mundo.

Essa dinâmica de amizade e pertencimento encontra uma de suas primeiras e mais poderosas expressões na afirmação de Irineu de que a glória de Deus é o ser humano plenamente vivo em comunhão com Deus, no que talvez seja o credo cristão mais antigo: "Já não há judeu nem grego, escravo nem livre, homem nem mulher; pois todos vós sois um em Cristo Jesus" (Gl 3,28). Em sua essência, esta não é uma proposição metafísica, mas uma confissão de pertencimento radical. Ela ecoa a oração do Grande Sumo Sacerdote pela unidade do povo de Deus (Jo 17), revelando que o credo cristão mais antigo já era moldado pela comunhão e enraizado na oração. Tal confissão surge não de especulação abstrata, mas da experiência vivida do Espírito derramado sobre toda a carne. É a voz de uma Igreja desperta para uma nova realidade, a unidade de todas as coisas em Cristo, mesmo em meio à diferença radical. Dessa forma, o testemunho doutrinário mais antigo da Igreja não é um sistema de ideias, mas uma proclamação de amor inspirada pelo Espírito: todos pertencem, todos são um, todos estão unidos na vida reconciliadora de Cristo.

Inverter isso, exigir o credo antes da comunhão, é violar a própria lógica da graça. É tratar o amor como condicional e o pertencimento como transacional. Mas a Igreja nasce no Pentecostes, não em Nicéia. É o fogo do Espírito, não a precisão de nossas formulações, que reúne o povo de Deus e faz nascer a fé.

A tradição só vive quando permanece fiel à sua origem, não simplesmente como memória, mas como corporificação. Devemos estabelecer distinções cuidadosas entre a tradição que dá vida e o tradicionalismo que a amortece. Uma tradição viva torna-se o que Jaroslav Pelikan chama de "a fé viva dos mortos" quando é continuamente reacendida no fogo do amor. Devemos abraçar uma terceira imagem: a tradição como ícone, uma janela para o mistério de Deus. Nesse sentido, a tradição da Igreja não é meramente uma memória da doutrina, é um meio vivo de graça, um instrumento por meio do qual os fiéis encontram o mistério de Cristo no poder do Espírito. Isso reforça a afirmação do capítulo de que a doutrina, como a tradição, deve nascer em comunhão e ser moldada pela obra contínua do Espírito na vida da Igreja. Esse tipo de tradição começa na comunhão e sempre transborda para a doxologia.

É por isso que John Wesley pôde insistir na prioridade ontológica do amor em todas as coisas. Para Wesley, o Espírito Santo é o agente divino que desperta, nutre e aperfeiçoa o amor no crente e na Igreja. Sua pneumatologia centra-se na presença transformadora do Espírito, que capacita os fiéis a incorporar o amor de Deus por meio de atos concretos de graça, santidade e comunhão. Esse amor moldado pelo Espírito não é periférico à doutrina, é o seu cerne. Sua famosa frase, "se o teu coração é como o meu coração, dá-me a tua mão ", não era uma rejeição da doutrina, mas um reconhecimento de que a crença correta só é correta quando flui do amor correto. A doutrina de Wesley sempre foi relacional, sempre situada na vida da Igreja. A crença importava, mas apenas como uma forma de aprofundar a comunhão que Deus já havia iniciado.

Na imaginação wesleyana, portanto, a doutrina jamais deve superar a graça. A Igreja não confessa a fé para criar unidade. A Igreja confessa porque já participa da vida do Deus Trino, o Deus que é comunhão e cujo amor é o fogo do qual todo credo deve ser proferido.

Doutrina na Prática
Os Meios da Graça

A doutrina vive quando é praticada nos ritmos da graça e da comunhão da Igreja, quando se materializa como a confissão viva da Igreja, formada não apenas em palavras, mas em práticas compartilhadas de amor e comunhão. Dessa forma, a doutrina se torna o modo da Igreja testemunhar a graça já recebida; ela se materializa como a vocação da Igreja de ser a testemunha materializada da fidelidade do amor de Cristo.

A doutrina não é apenas algo em que a Igreja crê, é algo que a Igreja faz. Essa prática corporificada da doutrina reforça a afirmação central do capítulo: que a doutrina não vive na abstração, mas na fiel execução da vida compartilhada da Igreja. Ela é vivida, respirada, orada e praticada na vida do corpo. As verdades que a Igreja confessa não estão suspensas na abstração; elas são fundamentadas no culto, sustentadas na oração, corporificadas nos sacramentos e realizadas no serviço. A doutrina é mais fiel quando participa da própria vida que proclama: a vida Trina de Deus derramada em amor.

É por isso que John Wesley localizou o cerne da teologia não na especulação escolástica, mas no que ele chamou de meios da graça. Para Wesley, esses meios não eram simplesmente exercícios devocionais, mas encontros cheios do Espírito que moldavam a vida e o testemunho da Igreja. Por meio da presença ativa do Espírito, essas práticas tornaram-se instrumentos de santificação e formação comunitária, incorporando a gramática do amor divino em ação e moldando a vida doutrinária da Igreja por meio do encontro vivido, da graça compartilhada e da fé responsiva, moldando tanto a doutrina proclamada pela Igreja quanto o amor que ela personificava. Esses eram os canais comuns pelos quais o amor de Deus é recebido, correspondido e retribuído em oração, na busca das Escrituras, na Ceia do Senhor, no jejum, nas conferências cristãs e nos atos de misericórdia. Doutrina, para Wesley, não era teoria a ser debatida, mas graça a ser encontrada. Se não pudesse ser orada, cantada ou vivida em amor, precisava ser reformada.

Dessa forma, o ensinamento da Igreja é inseparável da prática da Igreja. Proclamar que Cristo ressuscitou é reunir-se à Mesa. Confessar a Trindade é viver em comunhão, batizar em nome do Pai, do Filho e do Espírito, abençoar e ser abençoado em relacionamento. A doutrina é posta em prática como prática doutrinária cada vez que perdoamos como fomos perdoados, ou carregamos os fardos uns dos outros, uma visão ecoada por Agostinho, que escreveu que "a fé opera pelo amor" (Gál. 5:6), lembrando-nos que a doutrina, vivida corretamente, sempre se expressa em atos de caridade e reconciliação. Ela se realiza na doxologia. Ela se materializa na missão.

Como William J. Abraham enfatizou em sua recuperação da herança canônica da Igreja, os meios da graça não são periféricos à teologia; são sua fonte e estrutura. O cânon não é apenas a Escritura, mas a vida sacramental, litúrgica, comunitária e espiritual da Igreja, por meio da qual Cristo se torna presente. A doutrina surge dessa vida e deve retornar a ela.

A tradição wesleyana incorpora essa visão integrativa ao demonstrar que a doutrina não é meramente ensinada, mas praticada, incorporada na confissão vivida pela Igreja da fidelidade a Cristo por meio da comunidade guiada pelo Espírito, da vida sacramental e dos atos de misericórdia. Ao fazê-lo, oferece um corretivo às tendências modernas que reduzem a doutrina a sistemas abstratos ou crenças privatizadas. Em vez disso, situa a doutrina dentro das práticas guiadas pelo Espírito de uma vida comunitária moldada pela graça, mostrando que a verdade teológica deve ser corporificada, relacional e transformadora. Sua teologia não se trata apenas da graça, mas da graça em movimento. A Igreja se reúne não simplesmente para afirmar ideias, mas para ser moldada pelo amor, para ser arrebatada repetidamente ao ritmo da autodoação de Deus. Wesley acreditava que todos os mandamentos de Deus estão revestidos das promessas de Deus; assim também o são as doutrinas da Igreja quando incorporam a Fé em Cristo, que é preenchida com a energia do amor de Deus. Cada uma delas é um convite à graça, um chamado à comunhão, um chamado para caminhar em amor.

Quando a doutrina é desconectada dessas práticas, ela se torna rígida e quebradiça. Mas quando flui na vida da Igreja, através da Eucaristia e do canto, da Escritura e do serviço, da reconciliação e da oração, torna-se um fogo que nos forma e nos reforma. Torna-se o que sempre foi concebido para ser: um meio de graça, uma expressão encarnada da confissão viva da Igreja, moldada pelo amor e sustentada no Espírito.

Sob essa luz, poderíamos dizer que a doutrina não é uma conclusão, mas uma consagração, uma expressão corporificada da identidade da Igreja como confissão viva da fé e da fidelidade de Cristo. Ela distingue não apenas verdades, mas vidas. Ela marca o povo de Deus como uma comunidade chamada não apenas a crer no amor, mas a praticá-lo, até que cada ato de adoração, cada partilha do pão, cada obra de misericórdia se torne, em si mesma, uma confissão: Cristo ressuscitou. O Espírito está aqui. E Deus é amor.

Formação através de hábitos de fé

A doutrina torna-se durável quando é moldada nos ritmos da graça e aprendida na vida da Igreja, quando é incorporada pela prática, nutrida no culto e vivida em comunhão. Essa durabilidade não surge da rigidez, mas de estar enraizada na graça e sustentada pela vida em comum da Igreja.

A doutrina não nos forma a todos de uma só vez. Ela se enraíza na repetição, no relacionamento e na prática fiel, realidades corporificadas por meio das quais a Igreja se torna a confissão viva da fé e da fidelidade de Cristo. É por isso que a Igreja sempre foi mais do que uma comunidade confessional, é uma escola de amor, um corpo em formação. Na tradição wesleyana, a doutrina não é imposta como uma fórmula fixa, mas cultivada nos hábitos de fé, diferentemente das tradições que priorizam o assentimento intelectual como medida da ortodoxia. A abordagem de Wesley oferece uma correção: a doutrina não é formada por coerção, mas por meio de práticas de graça compartilhada, onde a crença é moldada em relacionamentos de confiança, oração e amor, que surgem por meio da oração, do louvor e do discipulado compartilhados.

John Wesley compreendeu isso claramente. Seu modelo de formação cristã, por meio de reuniões de classe, reuniões de bandas e sociedades, estava enraizado na convicção de que a fé deve ser nutrida em comunidade. A fé cresce na proximidade com os outros, onde aprendemos a orar juntos, a nos arrepender juntos, a carregar os fardos uns dos outros e a nos alegrar na graça. Nesses espaços, a doutrina não se trata, antes de tudo, de domínio intelectual; trata-se de confiança compartilhada. E é essa confiança que dá origem à linguagem.

Aqui, os hinos de Charles Wesley tornam-se particularmente poderosos. Não eram meramente poesia inspiradora, mas confissão teológica. Em cânticos, o povo de Deus recebia a doutrina não como uma abstração árida, mas como uma realidade vivida. Eles cantavam para a fé. À medida que os hinos de Wesley ecoavam pelos santuários e reuniões de classe, eles moldavam corações e mentes. A teologia que carregavam nascia da oração e retornava ao louvor, um ritmo doxológico que tornava sua doutrina não apenas formativa, mas transformadora na vida da Igreja.

Os primeiros Padres da Igreja conheciam bem esse ritmo. Atanásio, por exemplo, proclamou a encarnação como o meio pelo qual a humanidade é atraída para a vida de Deus, enquanto as palestras catequéticas de Cirilo de Jerusalém entrelaçavam a instrução doutrinária à participação litúrgica e sacramental, ambas incorporando a doutrina como formação por meio do culto e do relacionamento. A teologia patrística nunca foi um exercício isolado de especulação. Foi sempre um ato de reverência. Suas doutrinas foram frequentemente forjadas em meio à oração, à perseguição e à Eucaristia. Eles falavam da Trindade não como um enigma filosófico, mas como o nome do Deus que adoravam, encontravam e veneravam.

Doutrina, sob essa luz, não é meramente informação, é formação na gramática do amor, uma moldagem da vida e da comunidade na linguagem que encarna a fidelidade de Cristo. É catequese pela comunhão, teologia pela confiança, memória moldada no amor. A Igreja não transmite simplesmente ideias; transmite um modo de vida. Por meio de hábitos diários de oração, obras de misericórdia, discernimento comunitário e culto sacramental, o povo de Deus é formado na fé e transformado pela graça. Como Vladimir Lossky explicou: "Estamos nos tornando pela graça de Deus o que Deus é por natureza".

Wesley acreditava claramente que a graça e a sabedoria encontradas nos meios da graça eram a presença habitante de Deus. Atanásio, por exemplo, proclamou a encarnação como o meio pelo qual a humanidade é atraída para a vida de Deus, enquanto as palestras catequéticas de Cirilo de Jerusalém entrelaçavam a instrução doutrinária à participação litúrgica e sacramental, ambas incorporando a doutrina como formação por meio da adoração e do relacionamento. Participar desses meios da graça é participar de Deus. Ao usar esses meios da graça, tornamo-nos tão amorosos pela graça de Deus quanto Deus é amoroso por natureza. Praticar os meios da graça é praticar o amor que é Deus.

É por isso que Wesley insistiu que os meios da graça devem ser praticados com constância e alegria, não para ganhar o favor de Deus, mas para permanecer aberto a ele. À medida que a fé se torna hábito, e o hábito se torna caráter, a Igreja se torna aquilo em que crê. Ela não se forma isoladamente, mas por meio da repetição compartilhada, de orações recitadas em torno da mesma mesa, de hinos cantados em harmonia, do pão partido em bênção. É assim que a fé se torna carne.

Nesta vida comunitária, a doutrina não é aprendida simplesmente ouvindo, mas praticando. Por meio desses atos de fé corporificados, a Igreja se revela como a confissão viva da fé e da fidelidade de Cristo. Ela é aprendida quando perdoamos, quando confessamos, quando abençoamos e somos abençoados. Ela é expressa na forma como nos apresentamos, na forma como nos lembramos, na forma como esperamos. Esta é a obra lenta e fiel do Espírito de Deus, para nos tornar fluentes na linguagem do amor, até que a doutrina se torne não apenas algo que professamos, mas algo que incorporamos.

Corrigindo através da comunhão

A doutrina não é preservada pela rigidez, mas pelo relacionamento, fielmente corrigido pelo amor.

A doutrina não é estática. Não é um fóssil do passado, mas um fogo que ainda arde no presente, um fogo que ecoa a chama de Pentecostes, acesa pelo Espírito, que continua a inflamar a fé da Igreja e a iluminar o seu caminho através da comunhão, do amor e da adoração. Um fogo sustentado e cuidado através da vida comunitária da Igreja, da adoração e das práticas compartilhadas da graça. Desta forma, a doutrina permanece uma chama viva que ilumina e transforma a Igreja como a confissão encarnada da fidelidade de Cristo. E como qualquer fogo vivo, deve ser cuidado. Isso significa que a doutrina deve ser corrigida. Mas a correção na Igreja não vem através da coerção ou do controle. Vem através da comunhão.

Desde os primórdios da Igreja, a teologia foi forjada em conversas, em concílios e sínodos, em cartas e confissões, em lágrimas e orações. Até mesmo a heresia, como observou HEW Turner, desempenha um papel no esclarecimento da ortodoxia, não apenas por meio da exclusão, mas por meio de um discernimento mais profundo. Quando mantida em amor, a discordância se torna um meio de graça. Essas são como "ortodoxias silenciosas", verdades não ditas ou ocultas que são eclipsadas por nossa incapacidade de enxergar com uma lente mais ampla de amor. No entanto, ao longo da história, a Igreja redescobriu tais verdades quando o Espírito abre nossos olhos novamente, seja resgatando a dignidade das mulheres, afirmando a unidade de todos os crentes, independentemente das divisões raciais e culturais, ou renovando a centralidade da graça sobre o legalismo. Esses momentos mostram que verdades esquecidas ou eclipsadas podem ser recuperadas quando a comunhão é priorizada em detrimento do controle. Essas "ortodoxias silenciosas" têm o potencial de nos mostrar onde estão as "heresias do amor" em nossas doutrinas. A Igreja corrige sua doutrina não para ganhar argumentos, mas para dar um testemunho mais fiel do amor de Deus.

Heresias são como "ortodoxias silenciosas" que podem nos mostrar onde estão as "heresias do amor" em nossas doutrinas, aquelas distorções de ensino que, embora talvez doutrinariamente precisas, falham em refletir ou nutrir o amor radical que está no cerne do Evangelho. As ortodoxias silenciosas do amor são lugares onde a verdade foi separada da graça, e onde a comunhão deve trazer a doutrina de volta ao seu centro no amor abnegado de Cristo. A Igreja corrige sua doutrina não para vencer argumentos, mas para dar um testemunho mais fiel do amor de Deus.

John Wesley entendia que a doutrina deve ser testada por seus frutos. Sua pergunta não se limitava a: "É verdade?", mas sim: "Conduz à santidade? Aumenta o amor?". Se algum ensinamento prejudicasse a comunhão ou obscurecesse a graça, precisava ser reformado. A doutrina de Wesley era moldada pelo amor, não presa à polêmica. Suas conferências e sociedades eram locais de correção mútua, espaços sagrados de escuta onde a confiança permitia que a verdade viesse à tona.

Esta é a marca da tradição viva: ela não consagra o passado, mas o engaja, permitindo que a Igreja continue a incorporar a doutrina como sua confissão contínua do amor fiel de Cristo no presente. Ela ouve as vozes dos fiéis, do passado e do presente, e pergunta o que o amor exige hoje. A tradição só vive quando permanece receptiva ao Espírito. Quando a doutrina cessa de crescer no conhecimento do amor, ela cessa de servir e prejudica o Corpo.

É por isso que os debates doutrinários na Igreja devem ser fundamentados na doxologia e na humildade. A Igreja primitiva exemplificou isso no Concílio de Jerusalém (Atos 15), onde os líderes discerniram a verdade juntos por meio do diálogo em oração, e novamente em Nicéia, onde a clareza do credo emergiria após um prolongado debate impulsionado por diferenças e perspectivas políticas, culturais e teológicas. Apesar de muitas influências coercitivas, tanto dentro quanto fora da Igreja, foi por meio de uma escuta e discernimento mais profundos do Espírito, no culto compartilhado e na comunhão teológica, que se produziu a Fé confessada da Igreja por meio do Credo Niceno. Não guardamos a verdade gritando mais alto ou traçando linhas mais nítidas. Nós a guardamos ouvindo, confessando, perdoando e caminhando em amor. À medida que a Igreja se reúne ao redor da Mesa, ela se torna um lugar não apenas de comunhão, mas de correção, uma comunidade que crê o suficiente para ser vulnerável, para ser refinada.

A distinção entre correção e cumprimento é vital. Correção não é o abandono da herança doutrinária, mas seu cumprimento contínuo, removendo distorções ao longo do caminho que obscureçam a essência do evangelho.

Cumprimento, por outro lado, é o desdobramento dessa herança de novas maneiras que respondem a novas percepções ou necessidades, assim como a compreensão mais completa da Trindade pela Igreja primitiva surgiu em resposta a questões cristológicas. Juntos, eles garantem que a doutrina permaneça fiel ao telos de suas origens e fielmente aberta à revelação contínua do Espírito para cumprir o objetivo final da promessa de Deus. O objetivo não é desfazer ou apagar a fé que veio antes, mas deixar a fé do passado respirar no presente, corrigir o que inibe a promessa de Deus e cumprir o que o amor ainda anseia expressar. A doutrina se torna fiel quando permanece porosa à graça e sempre aberta ao futuro de Deus e ao nosso na promessa da Nova Criação.

A doutrina não se mantém construindo muros; ela se nutre construindo confiança, confiança fundamentada na comunhão, sustentada por práticas compartilhadas de graça e incorporada na confissão viva da Igreja sobre a fidelidade a Cristo. Dessa forma, a Igreja se torna novamente aquilo que sempre foi chamada a ser: a confissão viva da fé e da fidelidade a Cristo, testemunhando o amor que mantém todas as coisas unidas para a vida do mundo. Este é o trabalho da comunhão. É lento, relacional e guiado pelo Espírito. Mas é a única maneira pela qual a doutrina pode permanecer o que deve ser: o testemunho da Igreja sobre o amor que mantém todas as coisas unidas.

Um Pertencimento Que Acredita

Fluindo diretamente do compromisso da Igreja com a correção na comunhão, a fé não é o pré-requisito para a pertença, mas sim o seu fruto; a doutrina dá linguagem ao amor que já compartilhamos. É a confissão encarnada de uma Igreja já reunida na vida de Cristo pelo Espírito.

Não cremos para pertencer; cremos porque já fomos atraídos pelo amor. Não é o assentimento que nos garante um lugar, mas a comunhão que nos ensina a falar. Esta é a verdade que pulsa nos primeiros credos da Igreja e ecoa na obra do Espírito desde o Pentecostes até hoje. O pertencimento precede a crença, e a doutrina é a linguagem que aprendemos a falar na casa do amor de Deus. Na Igreja, não conquistamos nosso lugar pelo que professamos. Professamos nossa fé porque já nos foi dado um lugar à Mesa. As verdades mais profundas da doutrina cristã são confissões de relacionamento. Quando dizemos "Eu creio", não estamos dizendo apenas que concordamos com uma proposição, mas que confiamos em uma Pessoa, e que o fazemos com outros. A doutrina é uma gramática comunitária. É a linguagem compartilhada de um povo que está aprendendo a amar o que Deus ama e a se ver como amados.

É por isso que Stephen J. Patterson e outros identificam Gálatas 3:28 como um credo fundamental: "Já não há judeu nem grego, escravo nem livre, homem nem mulher, pois todos são um em Cristo Jesus." Não é uma declaração de teologia especulativa; é uma declaração de unidade. Nomeia um pertencimento já assegurado pelo Espírito. E é essa realidade comunitária que torna a crença possível.

Na tradição wesleyana, isso se reflete na forma como a fé é formada por meio de reuniões de banda, reuniões de classe e da vida materializada da Igreja. A doutrina jamais deve se desvincular da Igreja; deve sempre crescer dentro dela, como uma comunhão dinâmica de amor moldada pelo Espírito e fundamentada na visão relacional que está no cerne da teologia wesleyana. Longe de serem formulações abstratas impostas de cima, a doutrina para Wesley surge dentro das práticas compartilhadas da graça e é sustentada pela presença do Espírito na comunidade. Esse enraizamento na vida comunitária mantém a doutrina vibrante, responsável e transformadora. Wesley entendia que as pessoas chegam à fé não apenas por meio do ensino, mas também por meio do testemunho. Por meio do acolhimento. Por meio de orações. Por meio da vivência do amor. Em suma, por meio do pertencimento.

As práticas de adoração, as Escrituras, os sacramentos e a disciplina espiritual não são mecanismos de controle; são o solo no qual a fé cresce. A doutrina é um fruto desta vida, não uma cerca para protegê-la. Com muita frequência, a doutrina tem sido usada como arma para a exclusão. A pergunta foi formulada: "Em que você precisa crer para pertencer a este mundo?". Mas o evangelho inverte essa questão: "Porque você já pertence a este mundo, em que você ousaria crer agora?".

A hospitalidade, como concebida por teólogos como a distinta Lettey M. Russell, não é uma ética periférica, mas um ato doutrinário, uma prática por meio da qual a Igreja encarna e realiza sua confissão do amor fiel de Deus no mundo. A hospitalidade não é simplesmente social, mas teológica, uma prática que forma a Igreja como uma confissão viva da fidelidade de Deus por meio de relacionamentos inclusivos e cheios de graça que ressoam com essa inversão. Devemos desmantelar estruturas eclesiais rígidas e, em vez disso, centrar a identidade da Igreja na hospitalidade, uma acolhida radicalmente inclusiva como fundamento de toda reflexão teológica e vida comunitária. A identidade da Igreja não se baseia em uma hierarquia de crença correta e controle episcopal, mas se expressa como uma mesa de graça compartilhada, incorporando a doutrina por meio da comunidade inclusiva e da hospitalidade mútua, onde a doutrina é moldada por meio do serviço mútuo e da presença amorosa.

Pertencer não é algo conquistado. É revelado pelo Espírito, que nos atrai à comunhão com Deus e uns com os outros. É a graça que abre nossos ouvidos para ouvir a Palavra, que abre nossos corações para receber o Espírito, que abre nossas bocas para falar o que sabemos ser verdade: que Deus é amor e que somos amados.

A doutrina deve ser forjada em comunidade, não meramente transmitida isoladamente; deve ser moldada por meio do culto compartilhado, da vida sacramental, de atos de misericórdia e do serviço mútuo, onde a confissão da Igreja seja continuamente moldada pelo amor materializado na prática. Quando cremos juntos, o fazemos no contexto do amor mútuo, da vulnerabilidade e da confiança. A fé que nasce do pertencimento não precisa dominar ou dividir. Ela precisa apenas testemunhar, dizer a verdade sobre o amor que nos encontrou primeiro.

No fim das contas, a gramática da doutrina é simplesmente esta: Nós pertencemos. Nós cremos. Nós estamos nos tornando. Esta é a obra do Espírito, formando-nos em amor, não sozinhos, mas juntos. Em Cristo. Pelo Espírito. Para a glória de Deus e a vida do mundo.

Fé e Doutrina no Futuro da Igreja

A Igreja fala a doutrina com a voz do amor, não para controlar o futuro, mas para acolhê-lo com confiança e esperança.

Fluindo do ritmo de pertencer, crer e se tornar, a doutrina não se trata de garantir a permanência da fé; é a confissão encarnada da Igreja da fé e da fidelidade a Cristo, levada adiante como testemunho vivo do futuro de Deus. Trata-se de testemunhar o amor infinito e vulnerável de Deus, que é de eternidade a eternidade. À medida que a Igreja caminha para um futuro incerto, embora um futuro repleto de esperança e promessa, a doutrina não deve se tornar uma relíquia que defendemos, mas um testemunho vivo que continuamos a pregar, com humildade, fé e amor. O que permanece não é a forma das nossas palavras, mas o Espírito que sopra através delas.

O futuro da doutrina depende de sua disposição em permanecer aberta ao Espírito, o mesmo Espírito que, no Pentecostes, inflamou os corações e deu à Igreja uma nova língua de amor e testemunho. A doutrina deve permanecer aberta porque o Espírito está sempre falando de novo, sempre conduzindo a Igreja mais profundamente ao amor vulnerável e transformador de Deus. Isso não significa esquecer o nosso passado. Significa ouvi-lo com mais profunda reverência e maior confiança. Significa discernir o que o Espírito está dizendo agora, à luz do que foi fielmente dito antes. A doutrina nunca deve ficar congelada no tempo. Ela deve permanecer em movimento, carregada pela vida da Igreja à medida que cresce no amor de Deus.

John Wesley captou essa visão quando insistiu que a Igreja deve "caminhar rumo à perfeição", não meramente em direção à santidade pessoal, mas em direção a uma participação mais profunda na vida Trina de Deus. A perfeição cristã não é o fim do esforço, mas a comunhão cada vez mais profunda com Deus que a doutrina deve servir, moldar e expressar. Não é simplesmente em direção a um ideal pessoal ou eclesial, mas em direção a uma futura gramática doutrinária moldada em comunhão e transformação; não em direção a um sistema de pensamento acabado, mas em direção a um amor mais perfeito. Doutrina não é conhecimento estático; é amor infinito em constante expansão e, portanto, nossas doutrinas estão sempre buscando uma nova gramática de fé e compreensão para a jornada. É a articulação em desenvolvimento da jornada da Igreja em direção a Deus. Ela deve ser sempre moldada pela oração, pela comunhão, pelo sofrimento e pela alegria.

A doutrina, especialmente a doutrina trinitária, nunca é uma estrutura abstrata imposta ao mistério divino, mas uma expressão doxológica do Deus que vem a nós em amor. O soberbo livro de Catherine LaCugna, *Deus por Nós*, nos ensinou que a teologia deve sempre servir à comunhão, deve surgir da vida da Igreja e a ela retornar. A doutrina voltada para o futuro é também relacional, formada na vulnerabilidade compartilhada de sermos atraídos para a vida de Deus.

A confissão da Igreja nunca se trata de fuga da história, mas sim de participação no futuro redentor de Deus. A ressurreição de Jesus não é apenas o ponto crucial da história, mas também a fonte da nossa esperança. A Igreja, por sua própria vida, testemunha a renovação vindoura de todas as coisas. Assim, a doutrina não é meramente retrospectiva; é antecipatória. Ela avança na esperança, trazendo a memória da fidelidade de Deus para a promessa da Nova Criação.

O fogo do amor de Deus que formou os primeiros credos deve ser o mesmo fogo que forma o nosso testemunho hoje. A doutrina deve ser proferida a partir desse fogo, ou então não deve ser proferida. Pois é o Espírito que acende esse fogo, que anima o testemunho da Igreja e que continua a falar por meio da doutrina quando ela surge da comunhão, da oração e do amor. Se não nasce na oração, animada pelo amor e acolhedora à esperança, então deixa de servir. A doutrina que não abençoa não pode crer. Torna-se frágil, e o mundo, com razão, se afasta.

Mas há outro caminho. A doutrina pode acolher o futuro como uma dádiva. Pode tornar-se a poesia de amor da Igreja, testemunhando a graça com uma linguagem antiga e nova. Quando a doutrina está enraizada na comunhão, é livre para falar com ousadia e gentileza, profética e pastoralmente. Pode aprender novos dialetos. Pode cantar novas canções.

O testemunho da Igreja permanecerá credível não porque controla a cultura, mas porque continua a amar. A doutrina perdurará não porque é imposta, mas porque se materializa em vidas de santidade, hospitalidade e esperança, vidas que, juntas, testemunham a vocação da Igreja como confissão viva da fé e da fidelidade de Cristo. A Igreja proclama e encarna a Boa Nova de Cristo para a vida do mundo.

É por isso que a obra da doutrina deve permanecer ligada à oração, moldada em comunidade e impulsionada pela imaginação do Espírito. Só então poderá falar com uma voz que ainda soe como boas novas. A Igreja não prega a doutrina fiel como a gramática do amor de Deus para possuir a verdade, mas para ser possuída por ela, para ser arrebatada repetidamente no mistério de Cristo, o Verbo feito carne.

Ao olharmos para o futuro, devemos ensinar a doutrina não como lei, mas como amor. Devemos escrevê-la não apenas em livros, mas em vidas, vidas moldadas pela obra contínua do Espírito por meio das práticas comunitárias de oração, adoração e amor da Igreja. E devemos confessá-la não para preservar o passado, mas para preparar o caminho para a Nova Criação prometida por Deus. É assim que a doutrina se torna esperança.

E é assim que a Igreja se torna aquilo em que acredita: o Corpo vivo de Cristo, falando a Palavra na linguagem do amor.

Confissão da Fé Futura da Igreja:

Acreditamos no amor que não pode morrer.
Acreditamos em Cristo, ressuscitado e intercessor. Acreditamos no Espírito, que respira através da nossa doutrina e forma a nossa esperança. Acreditamos que a Igreja é o Corpo vivo e pulsante de Cristo, chamada a encarnar a fé de Cristo, proclamar a Boa Nova e

amar com o amor que é o amor infinito e vulnerável de Deus, e
acolher o futuro de Deus.

Mandato da Doutrina Encarnada
Portanto, ensinemos a doutrina como amor.
Confessemos não controlar, mas servir. Escrevamos teologia com
nossas vidas. Avancemos, para nos tornarmos aquilo em que
cremos, para falarmos o que recebemos e para vivermos o que
confessamos:
que Cristo ressuscitou,
o Espírito está aqui e Deus é amor.

Capítulo Quatro
Doutrina Lembrada
A História Que Molda a Igreja

"Fazei isto em memória de mim."
Lucas 22:19
"A tradição é a fé viva dos mortos; o tradicionalismo é a fé morta dos vivos."
Jaroslav Pelikan

Tradição como memória em movimento

Ao final do Capítulo 3, testemunhamos como a Igreja, como confissão de fé encarnada, apresenta a doutrina não como uma proposição rígida, mas como um testemunho dado pelo Espírito de amor vivido em comunhão. O Capítulo 4 agora se volta para explorar como essa confissão é também uma memória, viva, esperançosa e transformadora. A doutrina, como verdade recordada, não é uma relíquia, mas um ritmo, um padrão teológico e litúrgico que pulsa pela vida da Igreja, moldado pela memória, sustentado pelo Espírito e orientado para o futuro prometido por Deus: uma herança inspirada pelo Espírito que liga passado, presente e futuro. Este capítulo desdobra como a tradição se torna a gramática por meio da qual a Igreja recorda em amor, é corrigida em amor e é levada adiante pelo amor em direção à Nova Criação.

A tradição vive quando respira com o Espírito que traz o futuro prometido para o presente da Igreja. A memória da Igreja não é um olhar para trás, mas um testemunho animado pelo Espírito da continuidade da ação redentora de Deus ao longo do tempo. Porque o Espírito é o Senhor do tempo, pairando sobre a criação, descendo no Pentecostes e conduzindo todas as coisas à sua plenitude em Cristo, a tradição torna-se uma mediação pneumatológica do passado, presente e futuro. É a memória em movimento.

A tradição viva não é o passado preservado, mas o passado transfigurado no presente pela irrupção do futuro prometido pelo Espírito, um futuro que dá à tradição sua forma como a gramática do amor divino, proferida pela Igreja em todas as épocas como uma resposta inspirada pelo Espírito à fidelidade de Deus. Quando a tradição se separa da novidade do Espírito, ela se calcifica em tradicionalismo, o que Jaroslav Pelikan chama de "a fé morta dos vivos". Mas quando respira com a energia do amor, a tradição nos lembra não apenas de onde estivemos, mas para onde Deus nos está levando. Ela se torna a chama do amor em vez do fóssil do hábito.

Essa chama é acesa de forma mais vívida à Mesa. O mandamento de Cristo: "Fazei isto em memória de mim", não é nostalgia, mas uma invocação escatológica. Na Eucaristia, essa lembrança é mais do que uma recordação mental; é anamnese, um ato doutrinário no qual memória, esperança e identidade comunitária se fundem. Aqui, a Igreja adentra o mistério da presença de Cristo, testemunhando a fidelidade de Deus ao recordar o Corpo no amor, no tempo e em antecipação à Nova Criação. À Mesa, a Igreja recorda no presente o seu passado e recorda em antecipação o seu futuro. A Eucaristia é anamnese, memória sacramental que recorda o Corpo e reconstitui o mundo. É um ato divino de recordação que reconecta e reordena todas as coisas em Cristo: o que foi quebrado, excluído ou tornado obsoleto é reunido no futuro de Deus. Na promessa de Deus, nada é descartado. No sopro de Deus, até ossos secos revivem.

A visão de Ezequiel do vale dos ossos secos (Ezequiel 37) captura essa re-lembrança. O Espírito insufla vida em fragmentos esquecidos, ressuscitando-os em comunhão. O Espírito re-lembra a casa de Israel, ressuscitando, restaurando, reanimando. Da mesma forma, a memória da Igreja não é uma recordação passiva, mas um ato de ressurreição: um chamado à vida a partir daquilo que parece esquecido. Recordar é um ato vivo de fé, amor e imaginação escatológica. A memória torna-se uma participação antecipatória na Nova Criação.

Este é o ritmo da tradição inspirada pelo Espírito. Ela se lembra não para preservar, mas para transformar. A tradição vive quando respira profundamente com o sopro do

Espírito. A visão de John Wesley da Igreja como a "nova habitação de Deus no Espírito" reflete essa mesma dinâmica. A Igreja, para Wesley, é uma comunidade de promessa onde a doutrina, a oração e a missão surgem da comunhão com a vida divina. A memória, quando animada pelo Espírito, torna-se uma participação na glória futura já iniciada.

A tradição é melhor compreendida não como uma herança estática, mas como o ato contínuo de interpretação do Espírito, um ato sustentado pela atenção da Igreja à Escritura, ao sacramento e ao silêncio. Esse hábito de atenção é, em si mesmo, uma espécie de gramática do amor, moldada ao longo do tempo pelo testemunho fiel do Espírito. Ele reforça que a memória doutrinária não é uma recordação passiva, mas uma participação ativa, guiada pelo Espírito, na promessa de Deus que se desdobra. A tradição é o hábito de atenção da Igreja, formado pelo Espírito, seu discernimento orante da voz de Deus ao longo do tempo, moldado pela Escritura, pelo silêncio e pelo encontro sacramental. Juntas, a memória atenta e a visão de futuro enquadram a doutrina não como um arquivo estático, mas como uma orientação dinâmica em direção à irrupção da novidade, doutrina lembrada no Espírito, não apenas para preservação, mas como uma gramática de amor que respira em direção ao futuro de Deus. A tradição é o hábito de atenção da Igreja, formado pelo Espírito, seu discernimento orante da voz de Deus ao longo do tempo, moldado pela Escritura, pelo silêncio e pelo encontro sacramental.

A tradição, portanto, não é uma âncora que nos arrasta de volta, mas uma vela que pega o vento do Espírito, uma vela moldada pela memória eucarística e içada pela esperança escatológica, impulsionando a Igreja para a frente com o sopro do Espírito em direção ao futuro de Deus que se desdobra. Esta imagem ecoa o arco do capítulo, onde o Espírito sopra através da memória, correção, realização e encarnação, atraindo a Igreja para o amplo horizonte do futuro prometido por Deus. Esta vela é içada pelos ventos do futuro de Deus, a esperança moldando a memória. A vela é mantida firme pela atenção orante e pelo discernimento contemplativo, e orientada para a reconciliação, a cura e a hospitalidade.

A Tradição, então, fala com uma gramática de amor moldada no tempo, sempre reescrita pelo Espírito que anima a vida da Igreja no presente e a atrai para a plenitude de Cristo. Ela nos fundamenta na fidelidade de Deus, mas nos impulsiona para novas expressões de amor que ainda estão se desenvolvendo. "A fé, uma vez entregue aos santos", permanece constante no amor, mas sua linguagem, formas e possibilidades continuam se expandindo à medida que o Espírito, que é a energia do amor infinito e vulnerável de Deus, continua a falar e cantar a criação em novidade.

Tradição e Espírito de Correção

Se a tradição é uma memória em movimento, então também deve ser uma memória disposta a ser reformada, uma vela, não uma âncora, aberta ao vento do Espírito que impulsiona a Igreja. À medida que passamos da memória para a correção, o mesmo Espírito que relembra o Corpo agora renova seu testemunho. Esta seção passa da beleza da memória viva para sua vulnerabilidade: a tradição deve permanecer aberta à correção do Espírito. A doutrina que herdamos não está acima do refinamento; ela é moldada e remodelada pelo amor que a chama a uma fidelidade mais profunda. Aqui, a Igreja escuta a voz que ainda fala, confiando que o amor divino não apenas lembra, mas renova.

A tradição é viva quando se rende à obra de correção, refinamento e santificação do Espírito. Correção não é rejeição da tradição, mas fidelidade aprofundada. Como se vê nas afirmações históricas da Igreja, como o refinamento da doutrina cristológica entre Niceia e Calcedônia, a correção frequentemente surge de uma escuta mais atenta ao Evangelho e mais fiel ao Espírito. Em tais momentos, a Igreja não abandona sua herança, mas busca dar um testemunho mais verdadeiro dela, abrindo mão daquilo que "agora" impede o cumprimento do futuro incontornável da promessa de Deus. Se a doutrina é a gramática da fé e do amor da Igreja, então a correção contínua da doutrina é a obra contínua do amor. É assim que o Espírito poda e renova a Igreja para que a tradição possa testemunhar Cristo com mais clareza e avançar com mais fidelidade em direção ao amor infinito e vulnerável que nunca termina.

Assim como os indivíduos são santificados pela graça, também o é a confissão de fé compartilhada pela Igreja. A correção é a disciplina do Espírito por amor. Quando a tradição resiste à correção, ela se fossiliza e morre. Mas quando permanece aberta e vulnerável à voz do Espírito, é reformada em alegria e fidelidade pelo amor perfeito que é Deus.

Este duplo movimento do que Pelikan chama de "correção e cumprimento" é uma dinâmica guiada pelo Espírito que sustenta a continuidade apostólica enquanto revela novas expressões de amor; assegura que a doutrina permaneça enraizada e responsiva: enraizada na fé outrora entregue, mas responsiva ao Espírito que corrige, renova e cumpre a tradição à luz da autorrevelação contínua de Deus. O Espírito assegura tanto a continuidade da fé apostólica quanto sua transformação em amor. A correção não é meramente um ajuste doutrinário, mas a graciosa iniciativa do Espírito para trazer a tradição a um alinhamento mais profundo com o mistério de Cristo em desenvolvimento. O cumprimento, portanto, não é a conclusão como encerramento, mas a realização como participação mais profunda na vida divina que renova continuamente a Igreja. A Igreja primitiva compreendeu isso profundamente.

Os grandes concílios de Niceia, Constantinopla e Calcedônia não foram meramente campos de batalha doutrinários ou necessidades políticas. Foram esforços fervorosos e dolorosos para dar testemunho fiel do mistério de Deus. Somos possuídos pela verdade e, portanto, participamos dela por meio da fé, da esperança e do amor. Nossas doutrinas são provisórias, não porque a verdade seja instável, mas porque a irrupção do futuro de Deus no nosso está sempre mudando nossa maneira de ver por meio da fé, da esperança e do amor. A promessa de Deus não é um arquivo fixo, mas um futuro que ainda está chegando. O Espírito continua a nos guiar a toda a verdade (João 16:13), não como um ponto final, mas como uma peregrinação para uma participação cada vez mais profunda em Cristo. Ao olharmos para o horizonte e vermos o futuro de Deus chegando até nós, não vemos o fim de tudo, mas o começo de toda a verdade, que é tão infinita quanto o amor infinito e vulnerável que é Deus.

Tradição e o cumprimento da promessa

Se a correção abre a tradição à sua renovação santificadora, como o fogo que purifica e o sopro que reaviva, então a realização a atrai para o seu fim radiante, ainda carregada pela graça progressiva do Espírito. Da poda ao florescimento, a gramática da doutrina deve ser moldada não apenas pelo que foi recebido, mas pelo que Deus prometeu completar. A Seção 3 agora se volta da correção para a consumação, do fogo refinador do Espírito para o horizonte da chegada plena do amor. A Igreja, formada na memória, caminha agora para a maturidade na esperança.

A tradição vive quando se abre para o futuro que confessa: a realização do amor de Deus. A tradição cristã é escatológica antes de ser histórica. Não é meramente uma memória retrospectiva, mas um testemunho voltado para o futuro das promessas de Deus. A tradição carrega a memória da fidelidade divina precisamente porque confia no futuro que a memória antecipa. Dessa forma, a tradição se torna um veículo de promessa, um testemunho de que o que Deus começou será completado.

A Tradição, portanto, não é um depósito estático de verdades imutáveis, mas uma corrente viva de amor que flui em direção ao seu telos em Cristo, transmitida pelas palavras da liturgia, pelo ritmo da confissão e pela improvisação fiel de vidas enraizadas na graça e guiadas pela esperança. Ela lembra não apenas o que foi dito e feito, mas o que foi prometido e ainda está se desenrolando. Ela canta o que ainda está por vir.

John Henry Newman descreveu a tradição como desenvolvimento orgânico: uma visão que ressoa com o movimento da Igreja em direção à sua realização. Sua metáfora de crescimento, a doutrina como um organismo vivo, sugere não apenas continuidade com o passado, mas também orientação para o futuro. Sob essa luz escatológica, a tradição cresce não apenas por acumulação, mas também por alcançar a plenitude do amor que Deus prometeu. A doutrina cresce como um organismo vivo, enraizada em Cristo, mas expandindo-se à medida que a Igreja reflete mais profundamente sobre o mistério que a habita. A doutrina não brota em plena floração, mas cresce em continuidade com sua fonte, como uma árvore a partir de sua semente, plantada junto a ribeiros de água viva, como prevê o Salmo 1, ou como um ramo que permanece na videira de João 15. Esse crescimento é nutrido pela oração, pela contemplação e pelo testemunho fiel, sempre voltado para a luz de Cristo. Para Newman, heresia não era simplesmente uma crença errônea, mas uma falsa inovação ou uma "heresia do amor" que separa esse crescimento de sua fonte, a energia viva e pulsante do amor de Deus. O verdadeiro desenvolvimento, por outro lado, permanece ancorado na fidelidade imutável de Cristo, mesmo que se expanda em compreensão e expressão. O discurso da Igreja sobre Deus deve sempre se estender para ir ao encontro da realidade do Deus que fala primeiro.

A doutrina nunca é um comentário estático, mas uma resposta guiada pelo Espírito à presença viva de Cristo. O desenvolvimento doutrinário é o amadurecimento contemplativo e contextual da Igreja na fé, uma resposta viva que reforça a tradição como um movimento em direção à sua realização. O crescimento doutrinário não é um desvio do Evangelho, mas o desdobramento do seu significado em contextos sempre novos, enraizados na contemplação e responsivos ao testemunho da santidade ao longo do tempo.

Quando a doutrina é entendida dessa forma, o cumprimento doutrinário não é entendido como expansão especulativa, mas como um aprofundamento guiado pelo Espírito, enraizado na receptividade orante da Igreja ao desejo e ao amor de Deus. A realização não vem por meio de invenção teológica, mas por meio da oração que ouve o futuro de Deus pressionando o presente da Igreja. A verdadeira realização nasce no silêncio onde o amor e o desejo transformador de Deus se enraízam.

As primeiras comunidades cristãs confessaram Jesus como Senhor muito antes de articularem as doutrinas da Trindade ou da Encarnação. Mas, sob as pressões da adoração, da perseguição e do amor, a confissão da Igreja tornou-se mais precisa, não para controlar o mistério, mas para honrá-lo, não porque ainda não experimentasse o mistério do amor, mas porque sabia que o mistério inesgotável do amor infinito e vulnerável jamais poderia ser contido. O Espírito não preservou a Igreja em silêncio, mas deu-lhe uma voz para todas as épocas.

Ainda assim, a realização não deve ser confundida com finalidade. Porque o Espírito continua a falar e a agitar a Igreja, a realização permanece uma jornada e não uma conclusão, um convite ao amor que nunca termina e uma gramática que continua sendo cantada pelo sopro de Deus. A Tradição permanece em aberto porque o Espírito que habita a Igreja está sempre em ação, sempre falando de novo. A realização, portanto, não é um fechamento, mas uma ampliação da participação na vida divina, um amor que continua a atrair a Igreja para um nível mais profundo de mistério, esperança e comunhão. A Tradição se realiza não quando está concluída, mas quando é transfigurada, assumida na vida contínua da promessa de Deus. O amor que é Deus é a fonte da nossa vida, e esse amor que é a fonte da gramática da fé da Igreja nunca se esgota. A realização doutrinária não é o fim do desenvolvimento, mas seu aprofundamento. A realização não abandona a origem; ela a leva à maturidade.

Para Wesley, a santificação era essa realização dinâmica: o desdobramento da graça em um amor maior. A salvação não era um momento a ser reivindicado, mas um movimento a ser unido. A Igreja, como Corpo de Cristo, é chamada a cooperar com a graça, não apenas para receber a promessa, mas para participar dela. A doutrina cresce na graça à medida que é posta em prática em vidas conformadas a Cristo.

A Eucaristia torna-se novamente um sinal de cumprimento, encenando tanto a memória quanto a promessa em um único ato sacramental, uma extensão do ritmo anamnético explorado acima. Assim como a memória eucarística funde passado e futuro na ação presente do Espírito, aqui a Mesa se torna a convergência da promessa cumprida e da glória antecipada. Nesse ato, a Igreja não se limita a lembrar o que foi; ela vive o que está por vir. Ela reúne o passado e o futuro da Igreja em um momento presente de comunhão, incorporando o ritmo anamnético explorado em capítulos anteriores.

Neste ato, a tradição não se limita a recordar, mas antecipa, revelando a Mesa como o lugar onde a lembrança se torna esperança e a promessa da nova criação se torna tangível na partilha do pão. Na anamnese, a Igreja recorda para o futuro. A Mesa não é um símbolo estático, mas um ato sacramental onde a promessa se torna presença. Ao ser construída como um encontro estruturado com Deus, a liturgia se torna uma espécie de tradição em movimento: linguagem e forma transmitidas e elevadas, rezadas de novo por cada geração. Na Palavra e no Sacramento, a tradição cumpre sua vocação de mediar a presença de Cristo Ressuscitado na vida da Igreja.

A realização da Tradição não é a finalidade, mas a transfiguração. A doutrina é acolhida na vida radiante de Cristo, onde o que era sussurrado se torna proclamação e o que era semente se torna fruto. O que antes estava oculto é revelado na glória e no amor de Deus.

A Igreja como Ícone Respirador

Se a tradição cumpre seu propósito na consumação do amor, então ela deve assumir uma forma visível e corporificada. Esta seção explora como essa realização se torna iconográfica. Assim como a doutrina molda a memória e a esperança, ela também deve moldar a vida, vivida, vista e compartilhada. Aqui, a Igreja se revela como o ícone pulsante do Deus Trino: uma comunidade sacramental cuja forma reflete o conteúdo do amor que ela proclama.

Dizer que a Igreja é um ícone do Deus Trino é dizer que ela participa de quem proclama, incorporando, como a própria tradição, uma gramática do amor tornado visível. A iconografia, nesse sentido, torna-se uma linguagem teológica, uma forma de testemunho por meio da qual a Igreja fala do mistério que habita. Cristo, a imagem (*eikōn*) do Deus invisível, torna-se a medida e o significado da tradição. A Igreja, como Corpo de Cristo, é chamada a carregar essa imagem, "a tornar-se pela graça o que Deus é por natureza".

Os ícones são para os olhos o que a música é para os ouvidos. Juntos, os ícones do Oriente e a música do Ocidente gesticulam para além de si mesmos, despertando o desejo por aquilo que não pode ser possuído, mas sim acessado para participar. Os ícones não são fins em si mesmos; são meios da graça para alcançarmos o nosso fim: tão amorosos pela graça de Deus quanto Deus o é por natureza.

A tipologia de Jaroslav Pelikan (ídolo, símbolo, ícone) aguça essa distinção e aprofunda a vocação iconográfica da Igreja. Evitar a idolatria significa recusar-se a confundir a Igreja com Deus; evitar o simbolismo significa resistir à redução à nostalgia cultural ou ao simbolismo superficial. Um ícone, por outro lado, é transparente ao que significa; aponta para além de si mesmo, para o amor Trino que reflete. Essa clareza na distinção ajuda a Igreja a compreender sua vocação: ser uma janela fiel e cheia de graça, através da qual o amor abnegado de Deus brilha visivelmente no mundo. Um ídolo aprisiona; um símbolo esquece e, portanto, deturpa. Mas um ícone é transparente ao que significa. A Igreja, como Corpo de Cristo, compartilha dessa vocação iconográfica. Ela é chamada a ser um sinal visível, tangível e pulsante do amor abnegado de Deus. Como tal, a Igreja não é a fonte de luz, mas uma janela através da qual a luz brilha. Ela é o templo não de sua própria glória, mas da presença interior do Espírito.

A identidade da Igreja é inerentemente participativa, uma realidade que molda sua vocação iconográfica. Ser atraído para o padrão kenótico do amor divino não é apenas refletir Deus eticamente, mas também imaginá-Lo visualmente por meio da existência cruciforme. Essa participação torna a Igreja não apenas uma testemunha do evangelho, mas um ícone vivo e pulsante do Cristo que se entrega, tanto na forma quanto na ação. Ser justificado é ser atraído para o padrão kenótico do amor divino, e ser Igreja é habitar esse padrão cruciforme pública e comunitariamente.

A Igreja não se limita a proclamar o evangelho; ela se torna o evangelho, uma comunidade cruciforme, cheia do Espírito, cuja própria vida é missão. Isso ecoa a visão wesleyana de santidade como vida compartilhada em amor, uma participação capacitada pelo Espírito na entrega de Cristo pelo mundo. A Igreja, então, como ícone do Senhor crucificado e ressuscitado, incorpora a vida divina que proclama, tornando-se pela graça o que Cristo é por natureza.

A visão de John Wesley da Igreja como a "nova habitação de Deus no Espírito" captura isso magnificamente. Para Wesley, a Igreja não era simplesmente a guardiã da graça de Deus, mas o lugar onde essa graça se materializa em comunidade real. A santidade não era uma conquista individual, mas uma participação compartilhada no amor divino. A Igreja é um corpo animado pelo Espírito, não apenas um povo que proclama o evangelho, mas que se torna sua forma visível no mundo. Tornar-se o Evangelho para a vida do mundo é participar da própria natureza do amor infinito e vulnerável que é Deus.

A Igreja inspira o Espírito por meio da oração, das Escrituras e dos sacramentos, e exala esse mesmo Espírito por meio da hospitalidade, da justiça, do perdão e da alegria. Quando a Igreja vive esse ritmo, sua tradição não é frágil, mas vibrante; não é uma relíquia, mas um receptáculo de vida.

Isto é a imaginação sacramental em movimento. Em suas liturgias, a Igreja não se limita a recordar Cristo, ela o encontra. Em sua doutrina, ela não se limita a recitar a verdade, ela a transmite. Em sua comunidade, ela não se limita a refletir o Evangelho, ela se torna um antegozo do Reino. Este é o mistério da Igreja como ícone: ela é o que proclama.

Ser fiel à tradição, portanto, não é aprisioná-la nas formas de ontem, mas oferecê-la novamente como uma janela através da qual o Espírito pode respirar hoje. Os ícones só são fiéis quando são transparentes ao que significam. O mesmo acontece com a tradição. Só é verdadeiramente tradição quando aponta para além de si mesma, para Cristo, para o Espírito, para o amor eterno do Pai.

A Igreja, como ícone pulsante do amor de Deus, não dá testemunho de sua própria grandeza. Ela dá testemunho dAquele que se fez carne, que ainda habita entre nós e que agora mesmo está renovando todas as coisas.

Lembrando o Futuro, a Tradição como Esperança

A jornada da Tradição, da memória à correção e à iconografia, encontra seu pulso na esperança, uma esperança já encenada na Eucaristia, onde memória e promessa convergem. Esse ritmo sacramental, levado adiante pelo Espírito, ancora a confiança da Igreja em Deus que está renovando todas as coisas. Nesta seção final, a Igreja é chamada a lembrar não apenas o que Deus fez, mas a confiar no que Deus prometeu. A esperança transforma a memória em missão, e a doutrina em portadora de promessas, um movimento impulsionado pelo sopro do Espírito. Assim como a memória é animada pela presença do Espírito, também a esperança é a energia impulsionadora do amor divino que mantém a Igreja inclinada para o futuro de Deus. A Igreja recorda o futuro, vivendo o futuro pelo sopro do Espírito, animada pelo amor que sempre chega.

A tradição cumpre seu propósito quando se torna um veículo de esperança. É a memória da fidelidade de Deus, animada pela confiança no futuro de Deus. A esperança escatológica é sempre anterior ao passado histórico. Como a presença do Espírito é tanto lembrança quanto promessa, a memória se torna uma participação no que será.

A esperança cristã não é otimismo, mas confiança no caráter do Prometidor. Como Wesley observou, os mandamentos de Deus estão sempre revestidos de Suas promessas. Não se baseia no progresso humano, na engenhosidade ou no pensamento positivo. Está ancorada no caráter de Deus, o Deus que ressuscitou Jesus dentre os mortos e que levará todas as coisas à consumação. A esperança, para a Igreja, não é uma aspiração, mas a participação em uma promessa já viva dentro de nós. Essa esperança dá testemunho mesmo em meio ao sofrimento e à demora, pois sabe que o Espírito geme conosco e por nós enquanto aguardamos a redenção de todas as coisas.

Esperança é a recusa em deixar que o passado determine o futuro; é a determinação de viver agora pela paz prometida. Essa visão reconciliatória não apenas restaura o relacionamento, mas ecoa a promessa eucarística: uma antecipação do banquete escatológico onde inimigos se tornam convidados e estranhos se tornam parentes. Dessa forma, a reconciliação se torna sacramental, incorporando a esperança de um mundo renovado. Essa esperança cristã está sempre ligada à reconciliação. Recordar o futuro significa recordar com fidelidade, com os olhos voltados para a justiça, o perdão e o acolhimento dos inimigos.

A tradição se torna esperançosa quando se apoia na promessa, quando permite que a Eucaristia incorpore o futuro que antecipa. Na partilha do pão e no compartilhar do cálice, a Igreja realiza uma memória que olha para o futuro: um ato anamnético em que a memória sacramental funde passado e promessa em uma única graça presente. Este momento à Mesa encarna o ritmo teológico da Igreja, a memória em movimento, onde a doutrina não é apenas recordada, mas antecipada, tornando a Eucaristia uma expressão de esperança que avança.

Este é um sacramento que não apenas evoca o amor abnegado de Cristo, mas também recita a alegria e a justiça da festa vindoura que ela vê e saboreia. Essa esperança encarnada alimenta a Igreja a arriscar falar com uma nova gramática do amor, a ser partido, abençoado e restituído, como o pão à Mesa, como um antegozo do banquete vindouro. Sob essa luz, a tradição se torna sacramental, arrisca uma nova linguagem, quando se deixa partir, abençoar e restituir, como o pão à Mesa, como um antegozo do banquete vindouro. Ela não se limita a preservar ou defender o passado; ela confia na promessa de Deus. E, pela energia do amor divino, torna-se o pão para o mundo, partido, abençoado e restituído, como um sinal do Cristo que está sempre vindo.

A Igreja, como corpo de Cristo, é o lugar onde a memória e a esperança se encontram, onde os santos cantam ao lado dos que buscam, e o Espírito sopra nova vida em ossos velhos. Recordar o futuro é seguir o Caminho de Jesus. À medida que Jesus crescia em sabedoria e estatura, confiando no Espírito, ele se tornou o Cristo, Aquele que incorpora a energia do amor de Deus e nos mostra como caminhar em confiança e amor. Recordar o futuro é levar as histórias dos fiéis a lugares que eles jamais imaginaram. É receber o que foi transmitido com gratidão e oferecê-lo novamente com a coragem do amor, o mesmo amor que ressuscitou nosso Senhor da sepultura. É confiar no Espírito que desceu no Pentecostes e ainda desce, ainda fala, ainda forma um povo de muitas línguas e muitas tradições, repleto da energia do amor, pela vida do mundo.

A Tradição permanecerá credível "somente" se permanecer esperançosa. Somente se continuar a confessar Cristo não como uma relíquia, mas como uma presença viva. Somente se ensinar a Igreja a recordar, não com medo, mas com fé. Não a defender o passado, mas a proclamar o futuro prometido da Nova Criação. Não a construir monumentos às certezas de ontem, mas a tornar-se, mesmo agora, uma antecipação do que será.

Recordar o futuro é manter o passado e o futuro juntos no presente como uma dádiva. É trilhar o Caminho de Cristo, cantar canções antigas com versos novos, tornar-se aquilo que proclamamos. A tradição só permanecerá crível se permanecer esperançosa, só se apontar não para si mesma, mas para Cristo ressuscitado e que retorna.

Pois Jesus é o Cristo que encarna o conteúdo e o cumprimento de cada promessa de Deus. Ele é o Alfa e o Ômega, Aquele que vai à nossa frente e que nos chama para a frente. A Igreja se lembra do caminho a seguir porque Cristo nos conduz para lá. Ele é o cântico que ainda é cantado, a luz que ainda se ergue, o amor que sempre chega.

Lembrar do futuro é viver agora à luz do que será: uma Igreja transfigurada pelo amor, um mundo renovado e uma canção que surge de cada língua, tribo e nação, ecoando através do tempo e além do tempo, para a glória de Deus.

A tradição, então, não é um monumento, mas um movimento, uma memória moldada pelo amor, levada adiante pelo Espírito, ecoando a promessa: "Eis que faço novas todas as coisas".

Doutrina recordada é doutrina transfigurada. Essa transfiguração nasce da atenção contemplativa ao gemido do Espírito. A doutrina amadurece pela prontidão imaginativa para a surpresa divina.

A memória nos ancora na fidelidade do Espírito; a correção nos purifica no fogo do amor de Deus; a realização nos estende em direção ao horizonte da promessa; a encarnação torna o amor visível na comunhão da Igreja; e a esperança canta o cântico do que será. Em tudo isso, o Espírito molda uma doutrina fiel que respira a vida da Fé e da fidelidade de Cristo, sempre antiga e sempre nova, testemunhando o Deus que era, é e há de vir.

Que a Igreja se recorde, transfigurada pelo amor,
até que todas as coisas falem a linguagem da graça e toda a criação
se junte ao canto do futuro de Deus.
Amém.

Capítulo Cinco
Doutrina Feita Carne
Formação para o Futuro de Deus

*"A Igreja muda o mundo não fazendo conversões, mas fazendo
discípulos."*
João Wesley
*"A fé não é obra de indivíduos isolados, mas o trabalho de uma
comunidade formada pela Palavra e pelo Espírito, moldada à
semelhança de Cristo pelo amor."*
João Wesley

A doutrina não é apenas confessada e promulgada;
ela também é ensinada, lembrada e vivida ao longo do tempo.
Neste capítulo, exploramos a doutrina como pedagogia
espiritual, um instrumento de formação que cultiva a fé, a
esperança e o amor em comunidades moldadas pelo futuro
de Deus. Essa formação acontece não apenas em espaços
acadêmicos, mas na vida relacional, corporificada e
comunitária da Igreja.

Da memória à testemunha incorporada

Se a tradição é memória em movimento, um lembrar
para o futuro moldado pelo sopro do Espírito, então ela ressoa
com a identidade escatológica da Igreja. Ela convoca a Igreja
a viver como uma comunidade que antecipa e encarna o
futuro prometido por Deus, mesmo agora: uma comunidade
chamada a antecipar e encarnar o futuro prometido por Deus,
mesmo agora. A memória da Igreja não é meramente
retrospectiva, mas antecipatória. Ela lembra para encarnar as
promessas de Deus por meio de práticas presentes de amor e
testemunho. Dessa forma, a memória se torna uma postura
ativa de esperança, ligando o enraizamento histórico da Igreja
à sua vocação como antecipação da Nova Criação. A Igreja
não apenas pensa ou fala a tradição; ela a canta, pinta, ajoelha-
se nela e a consome. Ela lembra para o futuro não apenas com
a mente, mas com os sentidos, não apenas na doutrina, mas

também na doxologia. A promessa da Nova Criação não é uma abstração desencarnada da esperança escatológica; é a transfiguração de toda a nossa humanidade e de todas as coisas da criação na vida de Deus.

Quando a doutrina respira, ela não mais repousa apenas nas páginas do credo da Igreja, ela se torna música no santuário, fragrância no óleo, ícone nas paredes e pão nas línguas daqueles que despertaram no Corpo vivo de Cristo. A Igreja se torna não apenas a memória do amor passado de Deus, mas seu ícone vivo e pulsante, como a teologia ortodoxa oriental sugere, um sinal visível da beleza e comunhão divinas, transparente ao mistério que proclama: a saber, o amor abnegado do Deus Trino, atraindo toda a criação para sua consumação. A doutrina, sob essa luz, não é uma articulação congelada do dogma da Igreja, mas uma expressão dinâmica que forma e transforma a vida comum da Igreja, moldando como as comunidades incorporam a graça, praticam o perdão e vivem o futuro de Deus com esperança e fidelidade. A doutrina se torna a gramática fiel do amor divino, uma linguagem dinâmica que não apenas informa, mas também põe em prática o amor que proclama, moldando os hábitos, os relacionamentos e a imaginação da Igreja. Cultiva não apenas a clareza teológica, mas também um modo de vida enraizado na graça e voltado para o futuro de Deus, uma comunidade formada não em torno de meras ideias, mas em torno da presença viva de Cristo. A doutrina fiel torna-se um testemunho transfigurado: memória levada adiante no sopro do Espírito, moldando uma comunidade de fé com a "esperança da glória" já iniciada.

Tal encarnação não é ornamental, é formativa. A vida da Igreja se torna uma pedagogia espiritual, onde a doutrina não é estática, mas molda os discípulos em hábitos sobre o futuro de Deus. A doutrina não é um depósito de informações na forma de proposições teológicas, como às vezes pode ocorrer em certas vertentes da escolástica ou do fundamentalismo clássico; é uma disciplina formativa moldada pela esperança escatológica. Ela ensina não apenas no que crer, mas como ver, desejar e agir com o amor infinito e vulnerável que é Deus.

O filósofo James KA Smith afirma provocativamente que não somos meros "cérebros em palitos" que pensam em nosso caminho através do mundo, mas fundamentalmente criaturas desejantes, seres litúrgicos cujos amores são habituados por meio de práticas corporificadas. Uma antropologia litúrgica como a de Smith reforça o papel da Igreja como um espaço pedagógico comunitário e sensorial. A doutrina, portanto, não é meramente ensinada, mas corporificada por meio de ritmos de adoração e vida compartilhada. Assim como as liturgias seculares, como as do shopping, do estádio ou do Estado-nação, moldam nossos desejos por meio de práticas simbólicas repetidas e os desejos por meio de práticas e ações simbólicas repetidas, também as liturgias eclesiais nos moldam por meio de ritmos sagrados, direcionando nossas afeições para o Reino de Deus. Se a doutrina deve formar discípulos, ela deve se materializar em rituais e ritmos que direcionam o coração, o corpo e a visão para Cristo, moldando um povo cujos amores são corretamente ordenados pelo Espírito.

A doutrina fiel ajuda a cultivar um habitus sagrado, uma maneira de estar em sintonia com a presença de Deus no mundo. Ao fazê-lo, reforça a afirmação central do capítulo de que a doutrina funciona como pedagogia espiritual, moldando não apenas a crença, mas a pessoa como um todo para a vida no futuro de Deus. A formação acontece tanto pelo corpo e pela imaginação quanto pela mente. A doutrina reordena o desejo não apenas para os indivíduos, mas dentro da vida compartilhada da Igreja, de modo que a formação espiritual está profundamente entrelaçada com a reordenação do desejo, um processo não apenas pessoal, mas profundamente comunitário. Essa transformação do desejo ocorre dentro da vida da Igreja, onde a oração, a doutrina e a vulnerabilidade compartilhada reorientam os afetos de toda a comunidade em direção ao amor divino. A oração contemplativa torna-se o cadinho no qual os amores desordenados são purificados e atraídos para o anseio divino. Isso não é uma negação do desejo, mas sua transfiguração, um processo de pedagogia espiritual pelo qual o desejo não é apagado, mas refinado por meio da oração compartilhada e da participação na vida de Deus. A doutrina, portanto, não se trata simplesmente de dominar o conteúdo, mas sim de reordenar o desejo para a participação trinitária, onde o crente é atraído para a vida relacional de Deus, reforçando o tema do capítulo sobre o amor divino e a comunhão. Participação significa ser dominado e remodelado pelo amor de Deus em Cristo por meio do Espírito, cuja obra alinha nossos desejos com os de Deus.

Doutrina e os Sentidos: Fundamentos Teológicos

Essa lembrança encarnada nos conduz a um terreno teológico que insiste que a doutrina deve envolver a pessoa como um todo: corpo, mente e imaginação. Se a doutrina nos forma para o futuro de Deus, ela deve espelhar a lógica da Encarnação: deve tomar forma por meio do corpo, na comunidade e ao longo do tempo. A fé da Igreja não é meramente declarada em palavras; ela é cantada, saboreada, rezada, tocada e habitada. A doutrina vive por meio da graça sacramental e da participação sensorial. Ela é aprendida não apenas em salas de seminário, mas também no óleo perfumado da cura, na pressão do ajoelhar, na textura do pão e no olhar sereno do ícone.

Assim como o Verbo se fez carne, a doutrina também deve se fazer. A doutrina deve tomar forma nas liturgias, na ética e no testemunho encarnado da Igreja, tornando-se visível em atos de misericórdia, audível nos clamores por justiça e tangível na vida sacramental do Corpo de Cristo. Assim como o Verbo não permaneceu distante ou desencarnado, a doutrina deve entrar no mundo da experiência humana, da linguagem e da carne, formada em comunidade e praticada no amor. É somente quando a doutrina se encarna nos ritmos da vida cotidiana da Igreja que ela verdadeiramente reflete a lógica encarnacional que proclama. Deus não fala em abstração, mas em presença encarnada, como Atanásio e Irineu insistem em suas teologias encarnacionais, não em proposições teológicas, mas em pessoa. O Cristo Encarnado é a imagem visível do Deus invisível, a doutrina viva do amor divino encarnado na história. Se Cristo é o Verbo feito carne, então a doutrina fiel deve se tornar a linguagem do amor tornado visível, palpável e audível na vida da Igreja. A doutrina não é um pensamento congelado no tempo, mas um ritmo de participação eterno, uma gramática da graça ensaiada nas posturas de oração e na música da liturgia.

Essa lógica sacramental encontra profunda ressonância na tradição teológica. A Trindade não é um quebra-cabeça abstrato, mas uma realidade relacional e econômica que deve ser encontrada por meio da vida encarnada da Igreja. A Trindade econômica, as ações de Deus na história, fundamenta a doutrina em práticas como a Eucaristia, o culto comunitário e os gestos de hospitalidade. Esses atos sensoriais e sacramentais não são meros símbolos, mas são em si mesmos formativos: tornam a vida divina visível, audível e palpável. Sob essa luz, a doutrina se torna não apenas uma declaração sobre Deus, mas uma coreografia de participação na vida abnegada de Deus. Uma ênfase na Trindade econômica sublinha que o amor abnegado de Deus não é meramente doutrinário em conteúdo, mas sacramental em presença, integrado ao culto encarnado da Igreja e formativo dos fiéis por meio de práticas tangíveis e sensoriais, convidando a Igreja a refletir essa relacionalidade divina em suas práticas sensoriais e corporificadas de culto e formação. Esta é a forma do amor de Deus compartilhado com a criação. A doutrina, portanto, deve refletir o movimento relacional e econômico da entrega de Deus. A Trindade econômica é a Trindade imanente que fundamenta a doutrina na ação divina. O que Deus faz na história, curando, enviando, derramando o Espírito, é quem Deus é eternamente: uma comunhão de amor. A doutrina se torna não apenas reflexão, mas participação no encontro divino, ao envolver a Igreja no movimento relacional e econômico do amor de Deus que se entrega, tornado tangível pela presença sacramental e pela formação comunitária.

Sarah Coakley incorpora isso à vida de oração, oferecendo uma visão profundamente integrada onde a formação espiritual e a compreensão teológica convergem. Em sua teologia da contemplação, ela oferece uma visão onde a doutrina é intensificada pelo silêncio, e não ignorada. Na quietude da entrega corporal, o crente é arrebatado pelo movimento de amor abnegado do Espírito. Aqui, a doutrina se enraíza não apenas em proposições, mas no desejo transformado, na gradual reordenação do coração por meio da atenção à presença divina. A doutrina se forma por meio da *théologie totale:* uma teologia que inclui gênero, corpo e desejo em seu escopo. O Espírito não ignora o corpo; o Espírito o santifica, atraindo até mesmo nossos desejos para a ressonância divina.

A doutrina forma, não pelo domínio do conteúdo, mas pelo cultivo da atenção, da entrega e da receptividade à beleza divina. A doutrina é uma pedagogia do corpo e da imaginação, moldando uma Igreja que contempla, espera e deseja a Deus corretamente, que vê na iconografia uma pedagogia contemplativa, que ressoa uma visão de desejo e corporificação.

Assim, a doutrina se forma não pelo domínio do conteúdo, mas pelo cultivo da atenção, da entrega e da receptividade à beleza divina. A doutrina é uma pedagogia do corpo e da imaginação, moldando uma Igreja que contempla, espera e deseja a Deus corretamente. O ícone não é uma decoração, mas uma porta: ele nos ensina a ver, não agarrando, mas atendendo. A doutrina, como o ícone, forma uma espécie de visão, treinando nosso olhar para perceber o mistério divino, não como objeto, mas como dom. A oração diante do ícone ensina a Igreja a ser dominada pela beleza de Deus, permitindo que essa beleza forme não apenas seu senso estético, mas também sua compreensão teológica. Ao treinar o olhar para o mistério divino, os ícones moldam a capacidade da Igreja de perceber e receber a doutrina como uma realidade vivida, relacional e cheia de graça, em vez de dominar Deus com definições e conceitos. Afinal, "Um Deus compreendido não é Deus de forma alguma", diz Francis Turretin.

A doutrina corretamente formada molda comunidades rumo à reconciliação, à alegria e à justiça. Uma crença que permanece desencarnada não pode transformar o mundo. Quando a doutrina se materializa na prática, ela se torna o que sempre foi concebida para ser: um habitus compartilhado de amor, enraizado na generosidade divina e voltado para o próximo.

Essa visão transformadora tem raízes antigas. Gregório de Nissa descreve a doutrina como ascensão, uma imagem que reforça poderosamente a visão do capítulo sobre a doutrina como um processo contínuo e dinâmico de formação. A compreensão teológica não é uma posse final, mas um contínuo esforço em direção ao mistério divino, alinhando-se com a afirmação deste capítulo de que a doutrina é uma pedagogia de transformação e não um sistema estático de crença: não a posse de uma verdade estática, mas o esforço da alma em direção à infinita beleza de Deus. A compreensão teológica não é uma chegada final, mas uma participação cada vez mais profunda no mistério divino. Da mesma forma, Agostinho, em suas *Confissões,* apresenta a doutrina como memória orante, verdade que não infla a mente, mas reordena o coração. Para Agostinho, a doutrina se torna sabedoria quando direciona toda a vida para o Deus que é amor.

Todas essas vozes convergem em uma visão de doutrina que não é desencarnada, mas doxológica; não é separada, mas sacramental. No Pentecostes, a Igreja não recebeu um manual ou projeto em forma de credo. Ela recebeu uma chama, um som, um sopro impetuoso. Os sentidos foram acesos. O Espírito desceu não como um texto, mas como evento e encontro. A partir daquele momento, a doutrina da Igreja foi forjada não apenas em clareza intelectual, mas em transformação sensorial: um corpo aprendendo a ouvir a Palavra em muitas línguas, a ver o invisível no pão e no vinho, a sentir o toque divino no óleo da unção.

A doutrina, portanto, é a gramática da participação, uma gramática progressivamente revelada. Seja através do olhar do ícone, da quietude da oração, da mesa eucarística ou da ascensão ansiosa em direção ao mistério divino, essa gramática participativa toma forma na vida da Igreja como uma coreografia de graça e transformação. Ela molda não apenas o que a Igreja pensa, mas como ela ama e o que ela anseia. Ela ordena nossos sentidos não por restrição, mas por ressonância, sintonizando nossos olhos com a beleza, nossos ouvidos com a misericórdia, nossos corpos com a graça. A doutrina encarnada torna-se não apenas a confissão da Igreja, mas sua formação: uma realidade progressivamente desvelada através das práticas encarnacionais, iconográficas e comunitárias exploradas nesta seção, cada voz teológica contribuindo para uma gramática do amor divino que é corporificada, sacramental e pedagógica, um modo de estar no mundo que reflete, representa e antecipa o futuro de Deus.

Conexionalismo e a Prática da Amizade

Fluindo de uma visão sensorial e sacramental da doutrina, chegamos à sua consequência comunitária: a doutrina como tecido social da amizade divina. A doutrina não é uma percepção solitária, mas uma herança compartilhada, moldando um povo em uma comunhão viva. Ela forma não apenas os pensamentos dos indivíduos, mas também os afetos, as práticas e os relacionamentos que constituem o Corpo de Cristo. A doutrina é gramática relacional, a fala de uma Igreja que está aprendendo a amar. Essa gramática se desdobrará mais plenamente nas vozes teológicas que se seguem, cada uma contribuindo para uma visão pedagógica da doutrina como corporificada, comunitária e espiritualmente formativa na forma do Deus Trino.

Desde a sua origem, a vida doutrinária da Igreja foi forjada em refeições compartilhadas, histórias relembradas, perdão mútuo e dons do Espírito distribuídos entre todos. Na tradição wesleyana, essa visão eclesial assume a forma de conexionalismo, uma rede de amizades sagradas unidas por doutrina compartilhada, encorajamento mútuo e missão. O conexionalismo não é uma estrutura hierárquica fixa do episcopado, mas um contraste vivo a ele, evitando a autoridade rígida e de cima para baixo em favor de uma rede de relacionamentos recíprocos formada pelo Espírito. Ele aponta para uma forma de vida eclesial onde a autoridade emerge por meio do discernimento compartilhado, da vulnerabilidade e da responsabilidade mútua, incorporando a doutrina como uma estrutura formativa e pedagógica que molda a vida comunitária da Igreja. Em vez de consolidar o poder no cargo, o conexionalismo o distribui por meio de laços de aliança de amor e missão, testemunhando a natureza contracultural da comunhão do Deus Trino.

Diferentemente dos rígidos sistemas de governança e controle eclesial de cima para baixo, que podem obscurecer a natureza relacional da Igreja, o conexionalismo de Wesley aponta para uma visão contracultural da vida eclesial marcada por laços horizontais de confiança vulnerável, discernimento compartilhado e missão colaborativa. Resiste ao institucionalismo ao incorporar o ritmo Trino de dar e receber, de habitação mútua e alegria compartilhada. Dessa forma, a doutrina se torna não apenas instrução, mas infraestrutura, uma arquitetura relacional que incorpora a gramática da amizade divina apresentada no início desta seção. Essa estrutura espiritual forma uma comunidade que não se limita a articular crenças, mas as vive em responsabilidade mútua, confiança e amor. Por meio da amizade, a doutrina edifica a Igreja não apenas em pensamento, mas também nas estruturas vividas da graça que refletem a comunhão Trina. A Igreja, nessa visão, é uma teia de graça, um entrelaçamento de amizades espirituais que refletem a vida pericorética da própria Trindade.

Para John Wesley, a amizade cristã não era periférica; era um meio de graça, uma conexão onde a doutrina se incorporava à vida cotidiana. A amizade era talvez o mais verdadeiro significante sacramental, um meio visível pelo qual incorporamos a verdade de que fomos feitos "transcrições da Trindade" (Wesley). Esta é uma metáfora que sugere que a Igreja é chamada não apenas a falar sobre Deus, mas a refletir e participar visivelmente da amizade relacional e comunitária que marca a vida do Deus Trino. Assim como uma transcrição transmite o conteúdo de um original em outra forma, a Igreja, por meio das práticas de amizade, espelha o amor pericorético do Deus Trino.

Este motivo de amizade tem peso tanto pedagógico quanto eclesiológico: a amizade torna-se o meio contagioso pelo qual a doutrina não é apenas aprendida, mas vivida com alegria, formando uma Igreja cuja própria estrutura testemunha a comunhão divina no perfeito amor de Deus. Em reuniões de classe, festas de amor e orações compartilhadas, a doutrina não era ensinada como teoria, mas vivida como confiança e disciplina relacionais e vulneráveis. Wesley entendia que a formação cristã acontecia por meio de comunidades animadas pelo Espírito, de cuidado e correção, alegria e sofrimento. A doutrina fiel, como gramática do amor, não era imposta de cima, mas dada e circulada por meio da amizade, moldando o caráter por meio da vulnerabilidade e da hospitalidade compartilhadas.

O instinto teológico de Wesley alinha-se com a profunda corrente trinitária da Igreja, reforçando a visão central deste capítulo da doutrina como relacional, corporificada e formativa dentro da vida comunitária de Deus. A Trindade não é um quebra-cabeças remoto a ser resolvido, mas a própria estrutura da salvação, a vida de Deus derramada em comunhão e companheirismo. A doutrina teológica, portanto, não é especulação sobre categorias divinas, mas a formação de pessoas para a amizade divina. A Igreja é uma comunidade de participação relacional na vida de Deus, e a amizade é um de seus sacramentos primários.

A amizade é a ascensão da alma à intimidade divina. A verdadeira amizade leva a pessoa para além do seu autofechamento, alargando o coração em direção à participação no amor inesgotável de Deus. A doutrina, nessa chave, torna-se a coreografia dessa ascensão, o roteiro pelo qual as almas são ensinadas a se mover em harmonia com o desejo divino.

Da mesma forma, o *De Trinitate* de Agostinho sugere que as relações humanas refletem a vida interior de Deus. A amizade é teológica porque reflete o eterno dar e receber da Trindade. Para Agostinho, a Igreja é chamada não apenas a confessar a Trindade, mas a incorporá-la, a tornar-se uma comunhão onde as pessoas, em amor, refletem a vida divina em deleite e doação mútuos.

No entanto, essa mutualidade deve ser protegida contra distorções. Projeções hierárquicas de Deus deformam a vida da Igreja. A Trindade não é uma monarquia a ser copiada, mas uma habitação mútua de amor pericorético, e a

Igreja deve espelhar isso não com dominação, mas com comunhão e hospitalidade moldadas pelo Espírito. A amizade eclesial é o antídoto para a eclesiologia autoritária; é o ensaio da liberdade no amor que marca a Nova Criação.

A doutrina não deve servir como instrumento de exclusão, mas sim formar comunidades de reciprocidade, onde cada voz e cada dom sejam honrados. A amizade, sob essa luz, não é apenas afeição, é arquitetura eclesial de comunhão, incorporando a gramática relacional da doutrina apresentada no início desta seção. Ela dá forma tangível às convicções teológicas da Igreja, transformando o amor em estrutura e a comunhão em testemunho. A amizade que reflete a vida da Trindade é uma expressão estrutural do poder formativo da doutrina para edificar o Corpo de Cristo por meio da mutualidade, da vulnerabilidade e da missão compartilhada. Ela constrói o espaço no qual a verdade é dita em amor, incorporando a visão inicial da doutrina da seção como uma arquitetura relacional, uma gramática eclesial moldada pela coreografia do Espírito de santa amizade, onde as feridas são curadas e a alegria se torna comunitária.

É por isso que a doutrina, em sua essência, trata de formar afeições tanto quanto de forjar uma gramática de fé. Ela ensina a Igreja a habitar no oikodome, a família, do amor Trino: uma comunidade marcada por refeições compartilhadas, discernimento mútuo, perdão guiado pelo Espírito e alegria reconciliadora. A doutrina não é um conteúdo abstrato para ser baixado; é a linguagem de um povo que se santifica em conjunto. Por meio da amizade, a doutrina se encarna, revelando que a vida de Deus não está acumulada no céu, mas difundida nos corações daqueles que partem o pão, carregam fardos e se abençoam mutuamente em amor.

A vida compartilhada da Igreja, suas amizades, seus conflitos, suas reconciliações, não é um mero eco da vida trinitária, mas uma participação no próprio ser de Deus. As amizades formadas pela doutrina não são incidentais. São sinais sacramentais da autocomunicação de Deus, expressões encarnadas da doutrina que se fez carne.

Ponte Litúrgico-Histórica: Fontes Antigas da Fé Sensorial

A vida corporificada e relacional da doutrina, manifesta em amizades santas e comunidades moldadas pelo Espírito, não surge isoladamente. É o florescimento de raízes profundas: a longa memória de fé da Igreja, encenada, não apenas crida. Desde o início, a doutrina cristã tem sido transmitida não apenas em forma de credo, mas por meio do culto corporificado, de práticas sensoriais e de participação comunitária. Essas práticas corporificadas não são periféricas; são modos primários de formação doutrinária, encenando a coreografia da graça pela qual a Igreja aprende a se mover em ritmo com o amor divino, moldando a imaginação, os afetos e os hábitos dos fiéis. Nos gestos de culto, nos ritmos da liturgia e na beleza da arte sacra e da música, a Igreja não se limita a expressar a doutrina, ela a aprende, a habita e é formada por ela. A Igreja antiga oferece não apenas precedentes, mas também fundamentos teológicos: por exemplo, Irineu de Lyon, que escreveu que "nosso ensinamento está de acordo com a Eucaristia, e a Eucaristia confirma nosso ensinamento", fundamentando a doutrina no culto encarnado: a doutrina não é uma ideia a ser apreendida, mas uma vida a ser habitada. Os Padres compreenderam o que a Igreja hoje precisa recuperar: que o culto a Deus é o solo nativo da doutrina.

Desde as primeiras gerações, a salvação nunca foi imaginada como uma fuga do mundo material, mas como sua transfiguração. Inácio de Antioquia, a caminho do martírio, confessou em sua *Carta aos Esmirna* (6-8) que a Eucaristia era a cola da unidade da Igreja, o lugar onde o Corpo de Cristo, partido e doado, reunia os fiéis em uma única comunhão cruciforme. Para Inácio, o corpo eclesial não apenas recebia Cristo ressuscitado; tornava-se seu Corpo por meio do sacramento, manifestando o mistério da doutrina na liturgia da vida.

Justino Mártir, em sua *Primeira Apologia*, descreve o culto cristão como um evento profundamente corporificado: Escrituras proclamadas em voz alta, orações elevadas, pão e vinho trazidos, abençoados e consumidos. Não se tratava de espetáculo ou devoção privada, mas de participação no

Logos, uma liturgia racional e sacramental onde a verdade da doutrina não era dissecada, mas sim encontrada. Para Justino, a doutrina não era recitada separadamente do culto; era revelada por meio dele.

Os Padres Capadócios, especialmente Gregório de Nissa, desenvolveram isso ainda mais. Gregório via a própria criação como sacramental, uma visão mística que afirma a afirmação deste capítulo de que a doutrina assume forma corporal e sensorial. A criação não é matéria neutra, mas um meio divino através do qual a alma é atraída para uma participação cada vez mais profunda no mistério de Deus, uma visão que vê a doutrina não como uma verdade isolada, mas como uma jornada transformadora e encarnacional em um mundo carregado de presença divina, atraindo a alma para além de si mesma em direção a Deus. A vida cristã pode ser entendida como uma ascensão incessante ao mistério, onde o corpo e suas práticas não são barreiras, mas instrumentos de transfiguração. O Espírito não descarta a matéria; o Espírito a ilumina, santificando o material como o próprio meio pelo qual Deus forma e comunica a vida divina. Essa afirmação corrobora a afirmação mais ampla do capítulo de que a doutrina não é abstrata ou cerebral, mas encarnacional e participativa, moldada nas experiências tangíveis e corporificadas de adoração, sacramento e comunhão eclesial. Doutrina, nessa visão mística, não é um sistema abstrato, mas a ordenação do desejo em direção à beleza divina, uma jornada de participação, não de posse ou controle.

Essas vozes patrísticas ressoam profundamente com o imaginário wesleyano. John Wesley não forjou um novo caminho teológico, mas sim reviveu e recuperou o antigo; como escreve em seu sermão "O Caráter de um Metodista", seu objetivo era reviver a essência do cristianismo primitivo, fundamentado nas práticas e no espírito da Igreja primitiva; ele caminhou fielmente nas pegadas do "Cristianismo Primitivo", revigorando seus instintos sacramentais com o fogo do amor de Deus. Como os Padres, Wesley acreditava que a graça é mediada pelo tangível, que a doutrina fiel é aprendida não pela memorização, mas pela oração, pelo canto, pela refeição e pelo tato. Sua teologia dos meios da graça foi uma reanimação da antiga convicção da Igreja: a de que o Espírito santifica não apenas a alma, mas também os sentidos.

A sensibilidade litúrgica de Wesley ecoa a visão de Agostinho, ilustrando ainda mais como a compreensão doutrinária não se forma por meio de especulação abstrata, mas pela adoração que molda as afeições e reordena o desejo nas *Confissões,* onde o conhecimento de Deus surge de um coração sintonizado na adoração para cantar louvores a Deus. Agostinho ensina que a verdadeira compreensão não começa na especulação, mas na humildade e no louvor. Tanto para Agostinho quanto para Wesley, a amizade com Deus e com o próximo não é um subproduto da doutrina, mas sim seu objetivo. E essa amizade é nutrida nos ritmos litúrgicos da Igreja, onde corações são aquecidos, corpos são elevados e mentes são renovadas.

Sob essa luz, a teologia wesleyana aparece não como um tipo de inovação teológica que cria do nada, mas como uma herança fiel. A doutrina da Igreja se encarna no corpo santificado, onde a memória se torna movimento e a crença (fé) se torna canto. Desde os primeiros mártires e místicos até os hinos e reuniões de classe do Metodismo, a doutrina como gramática da fé repleta do amor de Deus sempre esteve inserida na vida sensorial da Igreja. Esse padrão duradouro ressalta a continuidade entre a teologia patrística e a wesleyana, não como tradições divergentes, mas como um fluxo compartilhado de formação encarnacional. A recuperação de práticas antigas por Wesley reflete não inovação, mas recuperação, uma reencenação fiel da compreensão mais antiga da Igreja de que a doutrina não é teoria abstrata, mas participação corporificada. O que os Padres praticaram no incenso e no ícone, o que Wesley recuperou na Eucaristia e na amizade, o Espírito ainda sopra no Corpo de Cristo hoje.

A doutrina não se contenta em ser pensada; ela anseia por ser cantada, rezada no silêncio do coração, ungida por meio de gestos de cura e compartilhada à mesa eucarística, uma gramática participativa do amor divino que encontra sua expressão mais plena na pedagogia de adoração, encarnação e comunhão do Espírito. Nessa comunhão de louvor antigo e futuro, a Igreja recorda o futuro, levando sua doutrina com mãos erguidas em adoração, corações abertos em amor e corpos unidos ao Cristo vivo.

Ícones, Música, Liturgia: Os Dons Sensoriais do Espírito

A doutrina, quando plenamente viva, torna-se visível no ícone, audível na música e cinestésica na liturgia, cada uma delas uma expressão sensorial da obra formativa do Espírito na Igreja. Esses modos não são meramente estéticos; são pedagógicos, moldando os fiéis por meio da participação corporificada na verdade divina. Essas práticas não são embelezamentos para a teologia; são sua personificação, centrais para a transmissão da doutrina pela Igreja por meio do encontro vivido e sensorial, a própria gramática sensorial do amor divino do Espírito. Nelas, a teologia não é meramente ensinada, mas encontrada, executada e cantada. Não são ilustrações da doutrina; são sua forma de transmissão, moldando não apenas o pensamento, mas também a imaginação, a memória e o anseio.

Ícones: Ver a Palavra Tornada Visível

A teologia é pintada na quietude de um ícone. Os ícones fazem com a cor e a luz o que a Escritura faz com a linguagem e a história: eles incorporam a gramática participativa da Igreja, moldando a imaginação teológica por meio do encontro visual, assim como a Escritura a molda por meio da narrativa. Os ícones ensinam não apenas representando, mas convidando o observador à contemplação, tornando-se janelas pedagógicas através das quais a doutrina não é apenas vista, mas internalizada. Os ícones tornam visível o mistério do Verbo feito carne. Ao contemplar um ícone, a Igreja não apenas observa, ela atende. O ícone não representa ausência; ele revela presença. Ele treina o olhar para perceber a realidade transfigurada: o mundo inundado de luz divina. Aqui, o ato de ver se torna contemplação, e a imagem se torna uma janela para o Reino.

Nessa teologia visual, encontramos ecos do misticismo do olhar de Gregório de Nissa, onde a contemplação não é estase, mas movimento. Os ícones não são meramente artefatos históricos ou estéticos; são portais através dos quais o Espírito eleva a alma em direção à união com Cristo. Nesse ato contemplativo de ver, o ícone molda a percepção teológica, convidando o observador a atender, receber e ser moldado pela beleza divina, o que se torna, em si mesmo, uma pedagogia da doutrina.

Música: Doutrina Cantada na Alma
Se ícones são teologia pintada, então música é teologia respirada. A música sacra não é o pano de fundo da vida cristã; é a sua pulsação. Das antigas cadências do canto gregoriano ao poder poético da hinologia wesleyana, a Igreja sempre soube que a doutrina cantada se torna doutrina lembrada e doutrina desejada. A música molda os afetos ao incorporar verdades teológicas em ritmo e tom, alcançando o coração por meio da repetição e da ressonância emocional, mostrando que, quando a doutrina é cantada, ela se enraíza na memória e desperta o desejo, como explorado anteriormente neste capítulo. Dessa forma, o canto se torna tanto catequese quanto anseio, a doutrina não apenas compreendida, mas amada.

Agostinho, em *Confissões* (Livro X) e *De Musica* (Livro VI), afirma que a música não apenas deleita, mas também eleva a alma. Cantar, escreve ele, é uma forma de oração intensificada, pois "quem canta reza duas vezes". A melodia e a métrica moldam a memória, formando não apenas o intelecto, mas também os afetos. Quando a Igreja canta a fé, ela alinha o coração e a voz com a música do céu. Hinos como "Love Divine, All Loves Excelling", de Charles Wesley, não são ornamentação, são formação teológica em forma lírica.

A música também incorpora o sopro do Espírito. No canto, a comunidade inala do Espírito a verdade que é a energia do amor de Deus e exala do sopro do Espírito louvores infinitos ao Deus Trino. A Igreja aprende a desejar corretamente cantando a beleza da santidade. A doutrina, quando cantada ou harmonizada, não se torna menos séria, mas sim mais profundamente encarnada, alcançando a imaginação através do tom e da cadência, do ritmo e do refrão.

Liturgia: Doutrina em Movimento
    Liturgia é teologia encenada, uma síntese corporificada de ícone e música, integrando as dimensões visuais e auditivas da doutrina ao ritmo corporal da graça da Igreja, e pedagogia corporificada por meio da qual a doutrina não é apenas falada, mas vivida, integrando e expandindo a formação teológica iniciada pelo ícone e pela música. Enquanto os ícones moldam o olhar para ver a beleza divina e a música treina os ouvidos para que o coração deseje a verdade, a liturgia reúne esses sentidos em um ritmo sagrado de movimento e palavra, ensinando todo o corpo a habitar no amor de Deus. A liturgia molda a imaginação espiritual e os hábitos de amor da Igreja.
    A liturgia é a coreografia da graça da Igreja, onde o corpo aprende a doutrina por meio de gestos, posturas, silêncio e sacramento. Ao ajoelhar-se para confessar, ao levantar-se para proclamar, ao fazer o sinal da cruz com óleo sagrado ou ao receber a Eucaristia com as mãos abertas, a Igreja realiza sua teologia, não abstratamente, mas corporalmente. A liturgia não é meramente uma ação simbólica; é a escola de formação do Espírito.
    A liturgia é o espaço onde a doutrina trinitária se torna realidade relacional. A liturgia não apenas proclama a Trindade, mas também reforma o povo de Deus à sua imagem. É o ritmo pelo qual somos atraídos para a circulação eterna do amor divino, manifestado através da Palavra e da mesa, da intercessão e da ação de graças. A forma da liturgia se torna a forma da doutrina vivida. A liturgia é um encontro estruturado com Deus.
    Aqui, as sensibilidades wesleyana e patrística convergem novamente. A teologia litúrgica de John Wesley, moldada pela prática cristã antiga, era animada por esta mesma convicção: a de que a graça não é recebida apenas em pensamento, mas em movimento e canto, em água e vinho, nos ritmos regulares do culto comunitário. Para Wesley,

ajoelhar-se na balaustrada, cantar com a congregação, compartilhar as orações do povo, todas essas eram formas de formação doutrinária.

Uma Pedagogia Sensorial do Amor

Ícones, música e liturgia formam o coração sensorial da pedagogia cristã; por meio da visão, da audição e da prática, moldam a maneira como a doutrina é percebida, lembrada e incorporada em práticas por meio das quais a doutrina se torna carne, moldando a Igreja para a comunhão com Deus e a formação no futuro de Deus. A doutrina é transmitida não como dados, mas como deleite. Eles inscrevem a teologia no corpo, a estimulam no coração e a ecoam na imaginação. A doutrina não é apenas o que a Igreja afirma; é o que a Igreja vê, canta e pratica, uma linguagem de fé moldada na respiração do Espírito e nos gestos de adoração.

Essas práticas não são marginais. São meios sacramentais de formação doutrinária; por meio delas, o Espírito transforma a Igreja em um sinal vivo do futuro de Deus, moldando o Corpo de Cristo para testemunhar o Reino vindouro de forma encarnada e comunitária, onde o Espírito ensina por meio da beleza, do movimento e do som. A doutrina vive quando é pintada em ouro, transmitida pela melodia e traçada no sinal da cruz. Nesses dons, o Espírito não apenas instrui a mente, mas desperta a alma para a alegria de conhecer a Deus.

A Igreja como Ícone da Trindade

Tudo isso – ícone, música, liturgia, amizade, memória – nos leva à vocação mais profunda da Igreja: tornar-se um ícone vivo do amor Trino. Esta seção reúne os fios sensoriais e sacramentais do capítulo em uma síntese eclesiológica, retratando a Igreja não meramente como receptora da doutrina, mas como sua expressão visível, um corpo formado pelo Espírito por meio do qual a gramática do amor divino é vivida, encenada e encarnada no mundo. A Igreja não se limita a falar doutrina; ela a encarna. Tendo traçado as formas corporificadas da formação doutrinária, voltamo-nos agora para o cerne eclesiológico dessas práticas: a própria Igreja como comunidade formada pelo Espírito, na qual a doutrina se torna visível, audível e relacional. Essas práticas sensoriais e sacramentais não são fins em si mesmas. Elas convergem para formar a Igreja como uma pedagogia viva, uma comunidade onde a doutrina se encarna, treinando corações e corpos para habitar no ritmo do amor divino. São caminhos formativos, levando a Igreja à comunhão com o Deus que ela proclama.

Confessar a Trindade é confessar que o próprio ser de Deus é comunhão: Pai, Filho e Espírito Santo, eternamente habitando um no outro em amor infinito e vulnerável. Esta vida divina não é essência estática, mas sim troca dinâmica: a alegre pericorese da entrega e do recebimento de si mesmo. A doutrina dá uma linguagem fiel a esta verdade, mas a Igreja a põe em prática. A Igreja torna-se um ícone da Trindade quando vive este ritmo, perdoando, servindo, celebrando, reconciliando-se e oferecendo-se pelo mundo.

A Igreja vive apenas enquanto compartilha da vida do Deus Trino. A comunhão não é opcional, é a sua ontologia. Afinal, o próprio ser de Deus é amor. Ao se reunir, sob a inspiração do Espírito, a Igreja se torna um sacramento da relacionalidade divina, encarnando o amor trinitário na história. O que Deus faz na história da salvação revela quem Deus é eternamente. Se isso for verdade, então cada momento de comunhão, cada ato de reconciliação, partilha eucarística e amizade formada pelo Espírito é uma participação na própria vida de Deus. A eclesiologia, portanto, não é um ramo separado da teologia; é doutrina em movimento, doutrina como vida coreografada pelo Espírito.

Catherine LaCugna descreve a Igreja como o "ícone vivo da autodoação de Deus". Assim, ortodoxia e ortopraxia são inseparáveis: conhecemos a Trindade não por meio de especulação abstrata, mas nos tornando um povo cuja vida espelha a comunhão divina. A Igreja é ícone apenas na medida em que vive como sacramento do amor de Deus, vulnerável, hospitaleira, relacional e alegre. A doutrina correta não se reduz à precisão conceitual; é fidelidade relacional. A Igreja não é meramente a audiência da revelação de Deus, mas um palco no qual o drama da redenção se desenrola. Ela participa do drama divino do amor, onde a doutrina se desenrola não como monólogo, mas como personificação comunitária, um roteiro corporificado em adoração, missão e mutualidade. A Igreja não apenas diz coisas verdadeiras sobre Deus; ela as representa, tornando-se um sinal visível da história Trina.

Esta performance não é uma coreografia institucional, mas sim uma transformação mística. O verdadeiro conhecimento de Deus não advém da precisão analítica, mas da transfiguração gradual da alma no amor, uma ascensão mística à beleza divina que espelha a afirmação deste capítulo de que a doutrina é um processo dinâmico e participativo. A Igreja torna-se a comunidade que se transforma em conjunto, ascendendo, através da doutrina como participação, à própria vida de Deus, onde o amor molda e sustenta toda a formação, por assim dizer, na vida de Deus. Sua unidade não é primariamente estrutural, mas sacramental, um sinal de sua participação contínua na vida unitiva do Pai, do Filho e do Espírito.

Essa unidade não apaga a diversidade, mas a celebra, ecoando a visão trinitária de unidade na diferença, onde pessoas distintas habitam em perfeita comunhão. Tal visão teológica molda a Igreja para testemunhar não por meio da uniformidade, mas por meio da fidelidade relacional, doutrina incorporada na harmonia da diferença que reflete a mutualidade do Pai, do Filho e do Espírito. A Igreja, portanto, não se torna una no amor unitivo por meio da conformidade institucional, mas pelo dom contagiante da comunhão, uma comunhão que reflete o amor mútuo e a distinção das pessoas divinas. A doutrina, nesse sentido, não é um sistema fechado, mas uma coreografia dinâmica, o ritmo pelo qual a Igreja aprende a amar como Deus ama.

A santidade wesleyana é precisamente isto: amor aperfeiçoado na comunhão, doutrina formada na gramática do amor moldada pelo Espírito, encarnada no culto, nas amizades e no testemunho de justiça da Igreja. Para Wesley, a santificação não é piedade privada, mas alegria compartilhada, uma santidade que une o crente a Deus, ao próximo e à criação em amor. A Igreja santificada não reflete meramente a Trindade; ela participa dela. Em suas orações e amizades, em seus sacramentos e cânticos, em sua justiça e misericórdia, a Igreja se torna, em sua carne e fragilidade, um ícone pulsante da dança eterna, radiante com a vida de Deus pela vida do mundo.

Revelação Apocalíptica: Gemendo em Direção à Glória

Tendo contemplado a Igreja como um ícone vivo do amor Trino, devemos agora seguir esse ícone rumo à tristeza do mundo. Isso marca uma mudança da eclesiologia para a escatologia, onde a doutrina transita da formação contemplativa dentro do Corpo para o testemunho público em meio às fraturas da história. O ícone agora entra no lamento, levando esperança ao gemido do mundo. A Igreja não reflete a vida de Deus apenas em vitrais e cânticos sacros; ela também dá testemunho em lágrimas, cinzas e protestos. Ser ícone é também ser testemunha, viver fielmente em uma criação que geme, carregando as feridas da história ao mesmo tempo em que proclama a "esperança da glória".

O ícone da Igreja é pintado não apenas em ouro, mas também em luto. A doutrina, se for verdadeira, deve aprender a gemer, uma gramática de esperança moldada no sofrimento, sintonizada com o lamento e o anseio, e falando o dialeto da gramática da esperança, inspirada pelo Espírito, formada no sofrimento, estendendo a gramática participativa explorada anteriormente neste capítulo. Aqui, essa gramática é moldada não apenas pela beleza e pelo louvor, mas também pelo lamento, pelo protesto e pela resiliência inspirada pelo Espírito, para falar o dialeto do lamento, do anseio e da esperança resiliente. Ela deve ecoar o clamor da própria criação, que, como escreve Paulo, geme em dores de parto, aguardando a redenção. O Espírito também geme com suspiros profundos demais para serem expressos em palavras. Em tal mundo, a doutrina não pode ser uma especulação separada; deve se tornar coragem poética, nomeando tanto o esplendor quanto a ruptura, tanto o já quanto o ainda não.

Em sua obra de assinatura, *A Imaginação Profética,* Walter Brueggemann nos lembra que a imaginação profética está enraizada no lamento, na poesia e na esperança. A teologia não é reflexão passiva, mas resistência imaginativa e formação generativa como discurso imaginativo, disruptivo e gerador de esperança, que re-percebe a realidade e evoca novidades, informa uma visão mais ampla da doutrina não meramente como crítica, mas como formação escatológica criativa que não se trata de prever eventos futuros, mas de re-perceber a realidade. Ela ousa ver o que o império esconde, falar o que o império silencia. A visão profética gera esperança ao romper o entorpecimento e desmantelar falsas inevitabilidades. Ela evoca novidades nas ruínas. Quando a Igreja abraça essa vocação, a doutrina se torna discurso profético, não mais um sistema defensivo do passado, mas uma nova canção em uma terra cansada, uma linguagem nascida no lamento e sustentada por uma alegria teimosa.

Nesse modo profético, Karl Rahner insiste que a teologia deve ser tanto mística quanto histórica. Ela não pode permanecer nas nuvens; deve surgir do pó, da oração enraizada nas feridas e da visão forjada na cruz da história. A doutrina se torna fiel quando carrega o peso da história e caminha com os crucificados, recusando tanto a negação quanto o desespero. Os profetas de Israel, aos quais Rahner faz eco, não falaram de um terreno neutro. Como um ícone moldado pela luz do futuro de Deus, os profetas viram não apenas o que era, mas o que poderia ser, nomeando a realidade a partir da gramática do amor e da esperança do devir divino. Eles viram a partir do futuro, com suas línguas inflamadas pelo fogo divino, rompendo a complacência e convocando um povo a despertar.

A doutrina torna-se apocalíptica quando desvenda o que está oculto, quando, como o ícone, revela a verdade divina não através abstração, mas através da participação, do sofrimento e da esperança. Assim como o ícone revela a presença através da forma e da luz, a doutrina apocalíptica revela a glória sob a dor e a promessa sob a ruína, outro modo de visão teológica pelo qual a Igreja aprende a ver o futuro de Deus irrompendo no agora. À medida que a doutrina se torna apocalíptica, ela revela a glória que se agita sob a ruína, o Espírito que respira sob o silêncio, o Deus que vem agora mesmo.

Esta não é uma doutrina de escapismo, mas de perpétuo devir. A escatologia nos lembra que a jornada da alma em direção a Deus nunca termina, uma visão que reforça a afirmação deste capítulo de que a doutrina é sempre o devir em Deus e nunca está completa até que todos sejam reunidos no amor divino. Sua teologia da transformação contínua convoca a Igreja a permanecer aberta à surpresa, sempre sintonizada com a graça renovadora do Espírito, sempre se expandindo em direção à plenitude da glória.

Miroslav Volf chama essa postura de "abraçar a memória", uma forma de suportar o sofrimento sem vingança, de lembrar de uma forma que se abra à reconciliação e à justiça. A doutrina não deve ser usada como arma para preservar o status quo. Ela deve se tornar fermento para a renovação, uma visão de esperança fermentando nas fissuras da injustiça, pressionando em direção ao Reino onde todos são restaurados.

Tal doutrina evolui, não porque a verdade de que Deus é amor mude, mas porque a obra dinâmica do Espírito renova continuamente a linguagem e a vida da Igreja. O Espírito se mantém firme no coração do Evangelho, preservando sua essência enquanto renova continuamente sua voz para cada geração, ao mesmo tempo em que remodela sua forma para cada geração, preservando sua essência enquanto acende novas expressões de graça e testemunho. Assim como o amor de Deus é imutavelmente fiel, o Espírito que continua derramando a energia do amor de Deus sobre toda a criação não é estático. Ele não é o curador de relíquias de museu, mas a chama que transfigura palavras mortas em testemunho vivo. Ele respira através das rachaduras em nossas formulações, no silêncio diante de um ícone, na elevação de um hino, no abraço da amizade, no toque do óleo curativo, reacendendo verdades cansadas com fogo fresco. O Espírito revela repetidamente o que Cristo já tornou conhecido: que o amor não falhará e que a justiça ainda é possível porque o fim da justiça de Deus é sempre o amor.

Em cada ato de desafio eucarístico, cada um deles uma forma de doutrina encarnada, em cada marcha de protesto que canta lamentos e recusa o desespero, em cada momento em que a esperança é novamente arriscada, a doutrina se renova. Não descartada, mas transfigurada. Nas mãos do Espírito, a Igreja aprende a ver de novo, a falar de novo, a gemer em direção à glória, confiando que, mesmo agora, mesmo aqui, o Reino está próximo.

Eucaristia como memória e futuro apocalíptico

A Eucaristia é onde a doutrina é digerida, onde a pedagogia participativa e sensorial do Espírito atinge sua forma mais íntima. Nesse ato de alimento compartilhado, a doutrina não é meramente ouvida ou vista, mas assumida no corpo, tornando-se a gramática viva da graça. Aqui, o tempo se curva e a eternidade se aproxima: o sacrifício passado encontra a glória futura, e Cristo ressuscitado não é meramente lembrado como evento, mas recebido como alimento, o banquete da vida nova e sem fim. No pão partido e no vinho derramado, a Igreja não se limita a recitar crenças. Ela as come. Ela acolhe em si Aquele que é verdade, comunhão e vida.

Nesta refeição sagrada, a doutrina se torna presença, não um conceito a ser analisado, mas uma realidade a ser encontrada. Não é abstrata, mas sim corporificada: promulgada, recebida e compartilhada. Ecoando a visão do capítulo sobre a doutrina como performance, essa presença se torna um testemunho tátil do amor divino, passado entre mãos trêmulas e vivido na comunhão dos santos. A Igreja recebe não um símbolo, mas o Cristo vivo, que se entrega repetidas vezes, não para ser dissecado, mas para ser saboreado, digerido e compartilhado. Como disse Henri de Lubac, "A eucaristia faz a Igreja". Nesse ato, a doutrina não é discutida, mas ingerida. Cristo não é apenas proclamado, mas consumido. O Corpo de Cristo se torna aquilo que come: comunhão para um mundo fragmentado.

Na Eucaristia, a memória não é mera recordação mental, mas transformação sacramental. A Igreja não se limita a recordar Cristo; ela é rememorada em Cristo, unida através do tempo, do espaço e da diferença no único Corpo moldado pelo amor. Essa transformação eucarística não é simplesmente pessoal, mas eclesial, até mesmo cósmica. A identidade da Igreja é fundamentalmente eucarística: à Mesa, o Espírito reúne os fiéis no Corpo através do tempo e do espaço, tornando visível a irrupção do Reino na história. A Mesa, portanto, não é um mero símbolo; é uma revelação apocalíptica que ecoa a visão da revelação e a esperança fervilhante. Assim como a doutrina apocalíptica revela a verdade divina por meio do sofrimento e da promessa, a Eucaristia também, revelando a irrupção do futuro de Deus na forma do pão partido e do vinho derramado, revela a irrupção do futuro de Deus por meio do pão partido e do vinho derramado. Aqui, a Igreja não se limita a recordar, ela contempla o mistério revelado do amor de Cristo encarnado pelo mundo. A Eucaristia é o coração escatológico da doutrina encarnada. É um apocalipse, uma revelação do que já é verdade e ainda está por vir.

A Igreja pode, como sugeriu Hans Urs von Balthasar, ser encarada como um "ato teodramático", e a Eucaristia como sua cena culminante, onde a doutrina se torna performance, a teologia se torna drama e o amor se torna comestível, um sinal vívido da pedagogia sensorial da doutrina e da teologia corporificada. No drama litúrgico de Palavra e Mesa, a Igreja não apenas fala de Deus; ela participa da performance divina da graça. A Eucaristia é o palco onde a vida Trina é encenada em gestos de oferta, recebimento e envio. Em Palavra e Mesa, a teologia se torna liturgia, o amor se torna comestível. Dentro dessa visão relacional, vivenciamos a Eucaristia como a expressão máxima da vida trinitária compartilhada com o mundo. É onde a teologia se torna louvor e onde o mistério divino se torna presença abnegada. A Eucaristia, em sua visão, é o lugar onde a Igreja é mais verdadeiramente ela mesma: uma comunhão fundamentada no amor transbordante de Deus.

E se a Eucaristia nos reúne na vida de Deus, ela também nos expande em direção ao futuro de Deus. Karl Rahner chama a Eucaristia de "símbolo real" do futuro de Deus, não um substituto, mas uma atualização sacramental da graça. Nesta refeição, a Igreja saboreia não apenas o perdão, mas o futuro transfigurado: o mundo vindouro irrompendo no presente, o eschaton oferecido em um cálice. Doutrina aqui não é mais teoria; é escatologia comestível, um ato sacramental que lembra o passado de Cristo e antecipa seu futuro prometido, unindo a Igreja na esperança da glória como um antegozo do mundo renovado. A Mesa não é a conclusão da fé, mas seu início, o sustento de um povo vivendo junto na esperança prometida da Nova Criação.

A Eucaristia não é um ritual estático, mas uma ascensão dinâmica. É o alimento da alma em sua jornada rumo à beleza inesgotável de Deus. O pão e o vinho não são a conclusão, mas o início, o alimento da peregrinação rumo ao abraço divino. A Eucaristia fornece a gramática da fé, uma pedagogia moldada pelo Espírito, onde a doutrina se torna formação em comunhão, onde a doutrina se torna corporificada, posta em prática e carregada de escatologia. A Eucaristia não apenas faz a Igreja; ela forma sua gramática de fé. Aqui, o Espírito reúne memória, corpo e esperança em uma única comunhão sagrada. A doutrina se torna a essência do sacramento: verdade ingerida, graça fragmentada, esperança corporificada. À Mesa, a Igreja é reformada novamente como ícone do mundo vindouro.

Confessar a doutrina, portanto, não é meramente articular a verdade, mas habitá-la, moldada pela mesa eucarística e moldada pela graça em uma confissão vivida que incorpora o que foi recebido na mesa eucarística, onde a doutrina se torna a expressão culminante da pedagogia formada pelo Espírito e sacramentalmente promulgada, que molda a Igreja para o futuro de Deus. Confessar é viver a verdade, moldada pela graça e nutrida na comunhão, onde a fé não é apenas proclamada, mas também praticada. É a coreografia do Espírito para a vida santa, praticada em amizades, sacramentos, música, liturgias e testemunho. É uma gramática de comunhão que ensina o Corpo a ver, a servir e a cantar o mundo em uma possibilidade transfigurada.

Formada pela memória, corrigida no amor, promulgada pelos sentidos e cumprida na esperança eucarística, a doutrina torna-se a confissão viva de uma Igreja em peregrinação. É o canto dos santos e a educação da alma. Do ícone pintado ao hino sussurrado, do pão partilhado às lágrimas compartilhadas, a Igreja vive a doutrina não pela abstração, mas pela encarnação, tornando-se aquilo que professa.

Quando a doutrina respira, ela forma discípulos que são iconógrafos da graça, artesãos da esperança e participantes do Amor Trino de Deus, de eternidade a eternidade.

Conclusão: A Doutrina como Coreografia do Amor do Espírito

Tendo acabado de traçar a Eucaristia como o local culminante da doutrina encarnada, reafirmamos agora: a doutrina, em sua essência, não é um sistema a ser memorizado, mas uma vida a ser vivida, uma gramática da graça nutrida pelo sacramento e moldada pelo louvor, que forma um povo à semelhança de Cristo. Neste capítulo, traçamos o poder formativo da doutrina, não como teoria abstrata, mas como uma pedagogia moldada pelo Espírito que educa a Igreja na fé, na esperança e no amor. A doutrina começa na memória e se desdobra no testemunho encarnado; ela canta através da música sacra, brilha nos ícones, move-se na liturgia e encontra sua plenitude na mesa eucarística.

Ao longo desta jornada, vimos que a doutrina não é um conjunto estático de verdades. É uma participação dinâmica na vida abnegada do Deus Trino. A Igreja torna-se o ícone desta vida divina, não pela perfeita clareza de declaração, mas pela formação fiel, aprendendo a perdoar, a acolher, a cantar, a servir e a sofrer juntos na esperança. A doutrina toma corpo ao formar amizades, despertar o desejo e preparar a Igreja para se tornar uma oferta sagrada para o mundo.

Afirmamos também que a doutrina deve gemer com a criação, deve lamentar, protestar e esperar dentro das fraturas da história. A verdadeira doutrina é profética e apocalíptica, não um afastamento da gramática da Igreja, mas seu desdobramento inspirado pelo Espírito ao longo do tempo. É fiel à essência do amor autorrevelador de Deus, mas sempre falando de novo às crises, aos lamentos e aos anseios da história. A doutrina fiel não apenas responde às feridas da história, mas também desvela o futuro redentor de Deus por meio do testemunho imaginativo e da esperança; desvela a graça oculta; resiste ao desespero e abre um futuro não criado por nós, mas prometido por Deus. Ousa trazer luz à sombra e convida a Igreja a encarnar o Reino vindouro, mesmo agora.

E à mesa eucarística, todos esses fios se reúnem. Memória e corpo, ícone e canto, liturgia e amizade, cada um entrelaçado em um todo sacramental. Aqui, a Igreja não se limita a recordar, mas a promulgar a doutrina como esperança encarnada e testemunho comunitário, onde a gramática do amor divino é rompida e compartilhada pela vida do mundo. Aqui, memória e futuro se beijam; aqui, a doutrina é rompida e compartilhada, tornando-se novamente o testemunho encarnado do amor, a doutrina feita carne. O Espírito torna a teologia comestível, comunitária e radiante. A Igreja não se limita a recordar Cristo; ela é reencontrada em Cristo, tornando-se novamente aquilo que recebe: amor derramado pela vida do mundo.

A doutrina, portanto, não é propriedade da Igreja, mas sua vocação, a pedagogia formada pelo Espírito e sacramentalmente promulgada que prepara a Igreja para viver o futuro de Deus. É a coreografia do Espírito para uma vida santa, uma vida que ecoa a música do céu nas ruas da terra. Ela é vivida não em isolamento, mas em comunhão, não por meio de especulação, mas por meio da encarnação, uma vida formada em ícones e na Eucaristia, em amizade e testemunho, em cânticos e sacramentos. Ela forma discípulos que veem com os olhos da misericórdia, cantam com a voz do louvor, servem com as mãos de Cristo e vivem no ritmo do amor Trino.

Esta é a doutrina encarnada. Esta é a formação para o futuro de Deus.

Capítulo Seis
Doutrina na Natureza
A Gramática Fiel do Amor em um Mundo
Fragmentado e o Futuro de Deus

Como John e Charles Wesley frequentemente descreveram, somos "transcrições da Trindade" (Wesley). Formados por essa imagem do amor Trino, somos enviados à natureza selvagem, assim como Moisés e Jesus, a mando do Espírito, para escrever nossas histórias de fé com a gramática do amor de Deus, que já está gravada na estrutura do universo como a Sabedoria do Criador, para a vida do mundo. Não apenas nosso futuro e todas as coisas da criação dependem desse desenrolar da narrativa fiel da irrupção da Nova Criação, mas o futuro de Deus está envolto em nossas narrativas surpreendentes de testemunho fiel e esperança escatológica. Quando nossa(s) doutrina(s), nossas histórias de fé, se tornam carne na natureza, então escrevemos a gramática do amor de Deus com o anseio da criação que prepara o futuro de Deus e o nosso na Nova Criação.

Enquanto toda a criação geme para ver a face de Deus, o Espírito suspira profundamente pela plena imaginação da criação. Continue ouvindo o Espírito, e ouviremos das profundezas que tudo ficará bem, mesmo em meio à escuridão, e que Deus está sempre em casa, convidando-nos à presença divina por meio da quietude e da entrega, o Criador Trino ansiando com antecipação e desejo de contemplar a "nova face" de Deus brilhando diante de todas as coisas da criação. É assim que aprendemos a escrever nossas histórias de fé na natureza com a gramática do amor infinito e vulnerável de Deus. Esta é a doxologia escrita em cada recanto da criação até o "fim da Nova Criação" (Charles Wesley), que é tão infinita e perpétua quanto o amor infinito e vulnerável que é Deus.

Enquadrando o Capítulo
O futuro que acena

Este capítulo final reúne os fios da memória, da encarnação e do testemunho público em uma visão de formação eclesial alicerçada na esperança. A Igreja não se limita a recordar a doutrina ou a praticá-la na natureza; ela está sendo moldada por ela na forma do futuro de Deus, moldado precisamente através dos contextos imprevisíveis onde a fé é posta à prova e o amor deve agir. A doutrina, encarnada na vida da Igreja, torna-se um caminho de maturidade espiritual, discernimento comunitário e missão em um mundo fragmentado, marcado por deslocamento cultural, crise ecológica e agitação política.

Falar de formação é perguntar: como a doutrina está moldando quem estamos nos tornando? Em que tipo de pessoas estamos sendo transformados pelas histórias que ensaiamos, pelos sacramentos que recebemos e pelo testemunho que prestamos? Esta não é apenas uma preocupação pastoral, mas um imperativo teológico. Pois a doutrina, se verdadeira, não é estática, mas cinética; ela nos impulsiona para a vida do Deus Trino, para a renovação de todas as coisas.

A Igreja, portanto, não deve apenas estar enraizada na memória e resiliente no testemunho, mas também animada pela imaginação escatológica. Ela não é a curadora de verdades antigas, mas o cadinho no qual a nova criação é ensaiada, antecipada e vivida, um cadinho inflamado pela primeira luz da ressurreição e moldado pela promessa do Espírito de que todas as coisas se renovam. O Reino de Deus não é uma metáfora vazia. É um futuro que já começou, um futuro cuja primeira luz já raiou na ressurreição de Cristo.

A doutrina vivida na natureza não é apenas fiel ao passado, mas também profética em relação ao futuro prometido por Deus. Ela está enraizada na memória e se eleva na esperança, caminhando em direção à Nova Criação, onde todas as coisas estão sendo renovadas. Se a memória é o solo da Igreja e a personificação, seu florescimento, então este capítulo traça o fruto: doutrina vivida em público, na dor, no pluralismo e na perseverança. Este é o transbordamento missionário da tradição que foi lembrada e transfigurada. É o caminho que a doutrina percorre quando deixa o santuário e adentra os lugares selvagens do mundo. Isso não é um afastamento da ortodoxia, mas sua expressão mais verdadeira, pois o Deus Trino é amor abundante e efusivo. O Pai envia, o Filho encarna e o Espírito capacita. A Igreja, moldada por essa coreografia divina, é enviada à natureza, não para dominar o mundo, mas para habitá-lo fielmente; não para escapar do mundo, mas para se envolver com ele. A doutrina, para ser fiel, deve se mover com essa mesma energia centrífuga de amor. O gemido da criação depende da nossa gramática fiel de amor que está aprendendo com a esperança escatológica: isto é, esperança moldada pelo futuro prometido por Deus, irrompendo no presente por meio da ressurreição, compelindo-nos a viver como se uma nova criação já estivesse em andamento.

Doutrina na Rua: Fé Pública em uma Era Fragmentada

Por onde você poderia praticar a doutrina hoje? Quem precisa ouvir as boas novas não em debates, mas no pão, não em argumentos, mas na presença? O que acontece quando a doutrina deixa o santuário? Quando ela caminha para fora da nave, em direção a um mundo dilacerado pela injustiça, pelo consumismo, pela violência e pelo desespero? A doutrina cantada na liturgia deve ser vivida no mercado. Ela não pode permanecer confinada ao eco do santuário. Para ser verdadeira, precisa ser calçada.

A doutrina na rua não é despojada de reverência, mas imbuída de urgência. Torna-se teologia vivida, uma fé pública que fala com ternura e ousadia aos lugares fraturados da experiência humana. Proclama Cristo não como uma abstração, mas como o crucificado e ressuscitado que caminha ao lado dos famintos, dos oprimidos e dos cansados. Não é doutrina separada do mistério, mas doutrina encarnada na misericórdia. A doutrina profética não é uma arma, é uma ferida, carregada com amor tanto pela verdade quanto pela Igreja que busca curar.

A verdadeira doutrina não nasce da conquista, mas da *kenosis*, no esvaziamento que abre espaço para que Deus nasça na alma. Isso ressoa com o hino de Cristo em Filipenses 2, onde Cristo se esvazia em amor radical. Nas ruas, essa doutrina kenótica se torna uma presença que escuta antes de falar, acolhe antes de alertar e caminha ao lado em vez de à frente. Uma teologia desse tipo sustenta a fragilidade do mundo à luz da paciência divina, não fugindo dela, mas suportando-a com confiança radiante. Essa confiança radical no amor divino ressoa profundamente com a visão da doutrina na natureza, como uma gramática de amor que persiste em meio ao caos, testemunhando a fidelidade escatológica de Deus mesmo quando a história parece fatalmente destruída.

Num mundo cada vez mais dominado por ideologias e slogans polarizadores, a doutrina pode degenerar em mera sinalização identitária, um distintivo de pertencimento tribalista ou uma arma de exclusão do apartheid eclesial. Mas a doutrina fiel resiste a esse impulso. Ela testemunha uma fidelidade mais profunda: ao Deus Trino, cujo amor excede o tribalismo, o nacionalismo e o reducionismo. A Igreja deve reaprender a falar não com armas, mas com feridas; não a dominar, mas a habitar, seguindo o testemunho não violento de Jesus, que suportou o sofrimento sem retaliação e ofereceu paz no próprio lugar da violência.

Esse tipo de doutrina pública não se apressa em explicar; ela escuta. Não domina; ela acompanha. Reconhece que a verdade não é simplesmente algo a ser afirmado, mas algo a ser compartilhado, incorporado e praticado em comunidade. Doutrina, portanto, não é meramente o que a Igreja proclama para si mesma em segurança; é o que ela sofre em solidariedade pela vida do mundo.

A Igreja que leva o nome de Cristo deve seguir esse padrão: proclamar a fé em público, não como ideologia, mas como amor tornado visível. Proclamar Cristo nesta era é incorporar a doutrina com coragem e compaixão na esfera pública. É dizer, com palavras e gestos: o Reino Amado de Deus está próximo, aqui e agora.

Por "Reino Amado de Deus", denominamos a realidade espaçosa, nascida do Espírito, que se ergue das cinzas do exílio e da morte, uma casa divina de justiça e alegria. Esta é oikodome, a morada ampla e generosa de Deus, o makom da imaginação hebraica e a promessa de Cristo: não apenas um espaço físico, mas uma revelação do próprio amor expansivo e vulnerável de Deus. A Igreja, como Corpo vivo de Cristo, é tanto promessa quanto presença deste reino, onde cada estrangeiro é parente, cada ferida se torna testemunha e toda a criação está sendo reunida na casa de Deus, renovada, reconciliada e ressuscitada. Amém.

A Cruz no Mercado: Sofrimento e Solidariedade

A doutrina corporificada nunca é abstrata. Ela percorre o caminho da cruz. No mercado do poder, do espetáculo e do interesse próprio, o testemunho cristão deve ostentar as marcas do Crucificado. Se a doutrina deve significar alguma coisa em público, deve ser cruciforme: moldada pelo amor sofredor, marcada pela vulnerabilidade e impulsionada pela misericórdia.

O mercado no mundo antigo não era simplesmente um centro de comércio; era a sede do discurso público, do espetáculo político e do controle imperial. Foi lá que Jesus foi exibido, ridicularizado e condenado. A praça pública sempre foi um espaço de visibilidade e julgamento. Falar doutrina ali é correr o risco de exposição, incompreensão e, às vezes, rejeição. Mas é também o espaço onde Deus já esteve antes.

Os místicos falam desse movimento descendente, rumo à ocultação, à perda e à solidariedade divina. O Corpo de Cristo partido e compartilhado no santuário deve levar ao Corpo de Cristo carregado e partido no mundo, uma *missio eucarística,* comissionando a Igreja a se tornar aquilo que recebe e a arriscar aquilo que proclama. A doutrina, moldada pela Mesa, prepara a Igreja para ser derramada. Não se trata apenas do que é dito na comunhão, mas do que é arriscado na comunidade.

A cruz no mercado não é apenas um confronto com os poderes do mundo, mas também uma incumbência, animada pela teologia mística que alimenta a ação pública profética. Ela oferece um padrão de coragem sagrada. As vozes dos místicos nos lembram que a doutrina moldada por profundezas contemplativas torna-se corporificação profética, verdade que caminha, chora e fere em amor pelo mundo. Ela envolve os poderes do mundo, nos incumbe de trabalhar pela paz, justiça e misericórdia. Quando a doutrina é moldada pelo amor sofredor, ela se torna uma gramática pública de cura. O Corpo de Cristo, partido e derramado, não é um mero símbolo; é o padrão para uma Igreja que está disposta a ser quebrada pela vida do mundo. É aqui que a teologia pública encontra seu poder: não na preservação institucional, mas no testemunho cruciforme, formado pela gramática eucarística do amor abnegado e da esperança pública. À medida que avançamos em direção ao gemido e à glória da criação, levamos adiante uma doutrina que ousa chorar, caminhar e agir em amor. O mercado se torna o ponto de encontro da graça. A rua se torna um terreno sagrado, preparando-nos para a voz da criação clamando com a esperança do novo nascimento.

A Criação como Catequese: Discipulado Ecológico
Prática Espiritual: Discipulado Terrestre

Uma vez por semana, saia sem compromisso. Deixe seu celular. Deixe seus livros. Ouça por uma hora a liturgia do mundo: a canção do vento, o hino das folhas, o sermão silencioso da pedra e do céu. Respire o ar como bênção. Toque o solo como sagrado. Que a doutrina seja ouvida não apenas nos credos, mas na sinfonia da criação. Então, retorne à sua vida transformado, não acima do mundo, mas dentro dele. Não separado da criação, mas como parte de seu louvor.

Reflexão Teológica: A Criação, o Primeiro Sacramento

A criação não é apenas a nossa morada; é o nosso primeiro catecismo, o solo sagrado onde aprendemos a amar, a confiar e a contemplar. Antes de existirem credos, existiam rios. Antes de existirem doutrinas, existiam estrelas. A Terra não é simplesmente o nosso habitat; é o primeiro sacramento da criação de Deus, o lugar onde a presença divina pulsa através das folhas e da luz, do solo e do céu. A doutrina ganha vida quando está enraizada neste solo sagrado.

São Boaventura descreve a criação como o espelho e a pegada (*vestigium*) da Trindade. Cada criatura, ensinava ele, reflete a beleza divina e revela um caminho de ascensão ao coração de Deus. Tal cosmologia sacramental convida a um modo de conhecer participativo e contemplativo, uma ascensão que começa na admiração e conduz à união. Assim, o mundo não é uma distração da teologia, é o seu próprio fundamento e convite.

Juliana de Norwich certa vez refletiu sobre uma simples avelã, uma imagem que, quando ligada à imaginação eucarística, revela como até mesmo a menor coisa criada participa da plenitude do amor divino e do sustento que lhe foi demonstrado em uma visão. Segurando-a na mão, ela ouve Deus dizer: "Ela dura e sempre durará, porque Deus a ama." Todo o cosmos é sustentado pela graça íntima e sustentadora de Deus. Nada é pequeno demais para ser sagrado. A própria criação é doutrina sussurrada em verde e dourado.

A criação não é um texto estático, mas um mestre vivo, que reflete a sabedoria, o poder e a bondade do Criador e, como a doutrina, fala com uma gramática dinâmica, sempre se desdobrando em uma comunhão mais profunda com o divino. O cosmos não é fechado nem acabado, mas em movimento perpétuo, uma epectase, ou ascensão infinita, atraindo toda a criação cada vez mais profundamente para a beleza inesgotável de Deus. Essa visão da criação como uma escola de amor e mistério sugere que a doutrina também deve permanecer dinâmica e aberta, formada por meio do discernimento contemplativo e do encontro ecológico com o mundo que Deus sustenta com tanto amor. Abraçar essa visão é reconhecer que a doutrina fiel não está congelada no tempo, mas se move com o sopro do Espírito por todo o mundo vivo, guiando a Igreja a uma participação cada vez mais profunda na vida divina.

O Salmo 19 proclama: "Os céus declaram a glória de Deus; o firmamento anuncia a obra das suas mãos". Romanos 8 nos diz que a criação geme em dores de parto, aguardando a revelação dos filhos de Deus. Estas não são metáforas, são lembretes de que o mundo natural é tanto sacramental quanto escatológico, sinais que revelam a presença divina e a realização futura. A Igreja não pode professar fé no Criador enquanto ignora os clamores da criação. Fazer isso é separar a ética sacramental da fidelidade ecológica, pois o padrão eucarístico já estabelecido no culto nos compele a atender ao sofrimento e à redenção de toda a criação como parte integrante do testemunho fiel da Igreja.

Um discipulado ecológico não é uma preferência política, mas uma postura espiritual. Significa viver agora como se uma nova criação já estivesse surgindo, porque ela está. Significa tratar a doutrina da criação não como uma doutrina distante da origem, mas como uma gramática ativa do amor inscrita na trama das florestas, marés, nuvens e criaturas. É ouvir o mundo não como ruído de fundo, mas como testemunho divino.

Reivindicar nosso lugar na criação não é nos elevarmos acima dela, mas nos ajoelharmos dentro dela. A criação não é um palco para a salvação; é uma parceira na história de Deus. Quando abençoamos a terra, protegemos as águas e ouvimos o vento, não estamos apenas administrando recursos, mas também participando da renovação divina de todas as coisas. Essa administração não é acessória à salvação; está vinculada ao futuro de Deus e ao nosso.

Ao cuidar da criação, reafirmamos nossa esperança: que o mesmo Espírito que pairou sobre as águas em Gênesis ainda esteja insuflando nova vida em um mundo que geme. Dessa forma, a criação não aponta simplesmente para Deus, mas nos coloca dentro do cântico e da vida de Deus que se desdobram. A Criação é o modo de Deus ser Deus, uma expressão ecoada na visão teológica de Boaventura, que via toda a criação como *vestigium Dei,* e Juliana de Norwich, que contemplou o amor divino sustentando até mesmo uma avelã. A Criação e o Criador estão indissoluvelmente ligados, não por necessidade, mas pelo transbordamento gracioso de amor infinito e vulnerável.

As árvores e as marés, as estrelas e o solo, todos fazem parte de uma liturgia viva, que proclama tanto a bondade dos começos quanto a proximidade de um futuro redimido. A doutrina fiel, a gramática do amor e da alegria do Criador pela bondade da criação, enraizada neste solo sagrado, torna-se uma forma de testemunho escatológico, ecoando Romanos

8 e a criação contínua do Espírito, e neste solo sagrado torna-se um testemunho vivo da esperança de que a própria criação será transfigurada em amor.

Doutrina incorporada em todas as culturas

A doutrina não nos chega em uma única língua, melodia ou pele; ela flui da generosa hospitalidade do Pentecostes, uma revelação da plenitude relacional da Trindade que acolhe a diferença sem dissolver a comunhão. A diversidade cultural, nesse sentido, espelha a própria polifonia da criação, ecoando a beleza variada do mundo que Deus criou e ama. Ela emerge do Pentecostes, um milagre de muitas línguas, muitos ouvidos, muitos corações. A Igreja é católica não porque seja uniforme, mas porque é ampla, ampla o suficiente para acolher e ser enriquecida pelas múltiplas maneiras pelas quais a fé se encarna no mundo.

O Pentecostes, como descrito em Atos 2, não é simplesmente a origem da proclamação cristã, é a validação divina da particularidade cultural. O Espírito fala nas línguas nativas de todos os reunidos. A doutrina, desde o seu primeiro sopro, é multilíngue, polifônica e encarnacional. O que não é assumido não é curado, enfatizando que a obra redentora do Espírito penetra plenamente na escandalosa particularidade da cultura, curando de dentro para fora. O Verbo se faz carne novamente em cada tempo e lugar, ressaltando que a sã doutrina, a gramática fiel do amor, não é monolítica, mas deve ser continuamente encarnada e contextualizada. Essas primeiras percepções teológicas revelam que a fidelidade doutrinária requer a incorporação cultural; elas conectam a revelação divina ao tecido dinâmico e vivo da diversidade humana. A doutrina não exige igualdade; ela celebra a comunhão na diferença. O que seria o amor unitivo de Deus sem a diferença?

Cada aspecto da criação, cada rosto, cada cultura, cada língua, cada partícula, revela uma faceta oculta de Deus. Não somos meramente vizinhos; somos parentes de tudo o que existe, da poeira estelar ao solo, da respiração ao galho. Nosso pertencimento transcende espécies, elementos e épocas, uma comunhão não apenas da humanidade, mas de todos os que compartilham a dança da criação.

A doutrina deve ser espaçosa o suficiente para dar lugar a esse parentesco radical, uma gramática da graça ampla o suficiente para ecoar em cada partícula da realidade, unindo o cosmos em um único e sagrado coro de pertencimento.

José Míguez Bonino, falando do coração da teologia da libertação latino-americana, ecoa o testemunho profético de Amós e Isaías ao declarar que "a teologia na América Latina começa com o clamor dos pobres". A doutrina, portanto, deve ser responsável não pelo império ou pela abstração, mas pelas experiências vividas por aqueles que sofrem. O Evangelho soa diferente entre os oprimidos, e a doutrina, se for fiel, ouvirá seu clamor.

John Dominic Crossan, em *"Dai a César"*, nos desafia a reler as Escrituras não através das lentes imperiais, mas através dos olhos dos crucificados. Em sua leitura, a declaração de Jesus "Dai a César" não é um chamado à cidadania passiva, mas uma crítica profética à maquinaria violenta do império. A doutrina, em todas as culturas, deve ser honesta quanto às suas cumplicidades históricas e corajosa em sua reimaginação libertadora. Caso contrário, a doutrina funcionará como a lei que levou à morte de Jesus, obstruirá a justiça de Deus e deixará de ser a fé que fala com a gramática do amor de Deus.

Incorporar a doutrina em um mundo multicultural é abrir mão do controle e abraçar a comunhão. Nenhuma cultura esgota a verdade do evangelho, mas cada uma delas carrega uma faceta de sua plenitude. Esta é a doutrina pentecostal, falada em muitas línguas, levada pelo vento e pelo fogo, moldada pelo fogo e cheia do Espírito, anunciando que a verdade de Deus reverbera em cada voz disposta a cantar graça ao mundo. É a Igreja reaprendendo o que significa ser una, santa, católica e apostólica, não na mesmice, mas no deslumbrante mosaico do amor.

Doutrina incorporada em diferentes culturas significa reconhecer que a teologia veste trajes diferentes em diferentes lugares. Ela dança em ritmos diferentes, alimenta-se de diferentes colheitas, lamenta em diferentes rituais e canta em diferentes tons. Isso não é relativismo; é pluralidade reverente, uma postura que honra a diversidade cultural enquanto preserva a integridade teológica do evangelho. É a convicção de que o Espírito não clona, mas cria. A doutrina, portanto, não é um conjunto estático de ideias impostas ao mundo, mas uma tradição viva tecida por meio de testemunhos globais de graça.

Ser fiel à doutrina nesta era é praticar uma Igreja que escuta, uma Igreja que aprende enquanto ensina, recebe enquanto dá e chora em línguas que não são as suas. A gramática do amor de Deus deve ser proferida com muitos sotaques, antecipando a unidade na diferença da Nova Criação, uma visão pentecostal onde a diversidade não é apagada, mas preenchida no louvor compartilhado, moldado por muitas histórias e cantado em muitos tons. Este é o som do Pentecostes que ainda ecoa pelo mundo. Esta é a música vibrante da comunhão divina.

Rumo a uma Teologia da Resiliência Corporificada

Numa era de exaustão, ansiedade e fragmentação, a Igreja é chamada não apenas a encarnar a esperança, mas também a sustentá-la. A doutrina na natureza selvagem deve ser mais do que declarativa; deve ser resiliente. Deve nutrir a alma em tempos de seca, sustentar a justiça em lugares hostis e manter as comunidades unidas quando a vida eclesial se desgasta e os laços sociais se rompem, quando o centro não se sustenta mais.

A resiliência encarnada não é a recusa em sentir fadiga. É a graça de se levantar novamente quando a canção vacila e a luz se apaga, fortalecida pelo Espírito que sustenta nossa respiração, restaura nossas forças e nos acompanha nas sombras. Ela não se enraíza na determinação humana, mas na fidelidade divina. Ela extrai o fôlego do Espírito que geme dentro de nós e a força dAquele que carregou a cruz e ressuscitou com cicatrizes.

Esse tipo de resiliência canta lamento e aleluia ao mesmo tempo. Ensina a Igreja a caminhar com os lentos, a descansar com os cansados, a lamentar com os que choram e a agir com santa resistência contra toda forma de morte.

A Eucaristia, sob essa luz, torna-se o nosso currículo de resiliência: uma mesa onde as feridas não são escondidas, mas sim recolhidas; onde a justiça é lembrada não apenas em palavras, mas na partilha do pão e do cálice. Aqui, a Igreja ensaia a gramática da sobrevivência, não como um retiro do mundo, mas como uma preparação para reingressar nele com coragem moldada pela comunhão.

Desse ensaio eucarístico emerge uma capacidade mais profunda de maturidade doutrinária. A doutrina moldada nessa fornalha de amor não se torna um dogma frágil, mas uma fidelidade flexível, formada pela comunhão, testada pelo sofrimento e sensível à pluralidade cultural. Ela incorpora a gramática evolutiva da fé que perdura não pela rigidez, mas pela capacidade de amar fielmente em contextos mutáveis e fragmentados, capaz de se curvar na tristeza, perseverar na alegria e suportar o peso da fragilidade do mundo sem se desintegrar. Isso não é minimalismo doutrinário; é maturidade doutrinária. É o que acontece quando o amor é aprendido na adversidade e expresso através das feridas.

Ser resiliente não é apenas persistir, mas amar repetidamente. Confiar que o que é semeado na fraqueza será ressuscitado em glória. Falar o nome de Jesus não como um slogan, mas como um sopro compartilhado na comunhão dos santos, na companhia dos que sofrem e na companhia daqueles que ainda acreditam que o mundo pode ser renovado.

Esta é a gramática selvagem da esperança da ressurreição. Esta é a doutrina, ainda respirando, ainda queimando, ainda se tornando carne.

E assim, passamos agora da visão para a vocação. Tendo rastreado o movimento do Espírito através do deserto e das feridas, paramos para perguntar: como a doutrina pode ser vivida, incorporada e praticada em meio às fraturas do nosso mundo? Como se manifesta essa gramática da esperança quando comunicada com nossas vidas? O que se segue são convites ao discernimento, à prática e ao louvor, maneiras de incorporar a doutrina que recebemos nas liturgias cotidianas do amor.

Praticando a Doutrina na Natureza: Uma Práxis Conexional de Amor

Onde nossa doutrina corre mais risco de se tornar abstração?

Como podemos incorporar nossa tradição no amor público, não apenas na piedade privada?

Quem são os "estranhos" que somos chamados a ver, servir e estar ao lado?

De que maneiras o chamado de Valarie Kaur ao "Amor Revolucionário" e a "Prática Metodista de Conexão" de John Wesley podem moldar a missão da nossa comunidade no mundo?

A vocação da Igreja não é conservar doutrinas em um cofre, mas promulgar o que John Wesley chamou de "divindade prática", um testemunho coreografado pelo Espírito da graça trinitária em movimento, mas levá-la como pão. Como John Wesley imaginou, a conexão não é uma instituição estática, mas um movimento coreografado pelo Espírito de graça relacional, uma rede viva de ajuda mútua, testemunho compartilhado e risco fiel. Na prática da conexão de Wesley, vislumbramos uma eclesiologia esperançosa: uma Igreja formada não pelo poder, mas pela proximidade; não pela conformidade, mas pela caridade.

É aqui que a doutrina respira, nas costuras dos fardos compartilhados, no toque das mãos que curam, nos pés que caminham em direção ao sofrimento. A gramática fiel do amor de Deus, quando moldada pelo testemunho conexional, torna-se um cântico encarnado através de gerações e geografias. Nessa harmonia selvagem, a Igreja se torna um ícone do futuro de Deus.

Reflexão Litúrgica: Uma Mesa de Amor Resiliente
Chamado e Resposta para a Resiliência Eucarística

Líder: Quando vacilamos, quando tememos, quando estamos cansados.

Povo: Alimente-nos novamente com o pão da perseverança.

Líder: Quando o amor nos custa conforto e a justiça nos chama ao risco.

Povo: Derramai-nos o vinho da coragem.

Líder: Onde o mundo fere e a tristeza persiste.

Povo: Unei-nos como o Corpo de Cristo.

Líder: Por cada coração partido, por cada esperança trêmula.

Povo: Ensinai-nos novamente a gramática da graça.

Todos: Que esta Mesa nos forme na fé, para que possamos nos elevar em amor e caminhar em selvagem resiliência.

Oração de Encerramento

Deus da glória crucificada e da graça ressuscitada,
Tu nos chamaste não para o silêncio, mas para o canto; Não para o isolamento, mas para a encarnação; Não para sobreviver, mas para amar.
Enraíza a nossa doutrina não na defesa, mas na ousadia.
Molda os nossos corações não com respostas, mas com comunhão.
Quebranta-nos, abençoa-nos e envia-nos, como testemunhas vivas do teu amor abundante, selvagem e ferido.
Em nome daquele que andou pelas ruas, carregou a cruz, partiu o pão e ainda respira nos cansados.
Amém.

Da mesa nos levantamos, não como indivíduos inspirados, mas como um povo enviado. O que foi orado em comunhão, agora vivemos em comunidade. A doutrina, quando moldada pela adoração, não é teoria, mas testemunho, fé ensaiada em amor e oferecida de volta ao mundo. A conclusão que se segue reúne esse testemunho e o transmite, não como um encerramento, mas como a comissão aberta do Espírito para se tornar a doutrina que proclamamos.

Conclusão: Doutrina Viva, Respirando Glória

A doutrina não é uma posse a ser defendida. É um testemunho a ser vivido, testemunhando uma gramática de amor e glória pulsante, do Cristo crucificado e ressuscitado em cada ato de amor, em cada suspiro de protesto e em cada lágrima de esperança. A doutrina não é o sujeito; é a sintaxe e a gramática da Fé. A Igreja não vive apenas de doutrina, mas pela fé que inscreve esse código de amor em nossos corações. A fé, energizada pelo amor divino, busca sempre a linguagem, as práticas e os caminhos para encarnar esse amor. A doutrina não é um sistema que preservamos, mas um código que promulgamos, uma gramática vivida que encarna a fé em sagrada comunhão com a dor do mundo e a promessa de Deus. Assim como a sintaxe na linguagem, a doutrina ordena nosso testemunho e possibilita a expressão coerente; não é o fim, mas a estrutura por meio da qual o amor fala e age fielmente no mundo.

Viver a doutrina neste mundo é ser atraído mais profundamente para a vida trinitária de Deus, para o amor vulnerável do Filho, para o poder gemido do Espírito e para o coração generoso do Pai. Ela prospera na presença do Espírito em carne e sangue, sopro e pão, fratura e fogo.

À Mesa, não somos apenas alimentados, mas também formados. Somos dados uns aos outros, enviados uns aos outros, partidos pela vida do mundo. A doutrina da Igreja, quando enraizada nesta refeição, nunca é um sistema de crenças, mas uma coreografia da graça. Ela nos ensina como nos ajoelhar, como nos carregar uns aos outros, como cantar mesmo quando o fôlego é escasso.

Esta é a vocação apocalíptica da doutrina num mundo fragmentado: desvendar a glória oculta, suportar as feridas do amor, resistir ao desespero com o sopro da ressurreição. A doutrina torna-se aquilo que sempre foi concebida para ser: a memória viva do amor divino, levada adiante na esperança.

A doutrina, quando viva, se assemelhará ao pão passado entre as mãos, ao óleo derramado sobre as feridas, aos cânticos de protesto nas ruas da cidade e às histórias contadas ao redor de fogueiras sagradas. Será como Cristo entre nós.

E soará, repetidamente, como o Espírito sussurrando: "Eis que faço novas todas as coisas".

Epílogo
Um conto de advertência

Quando a Igreja se esquece de que a doutrina nasce da oração e se destina a expressar o amor de Deus, corre o risco de transformar os meios de graça em instrumentos de controle. E quando a doutrina se separa do amor, ela deixa de abrir o coração a Deus, fechando a porta aos outros.

A gramática do amor que acompanha a essência do universo é a própria Sabedoria de Deus. A Sabedoria do Espírito sempre nos guiará e conduzirá com a verdade que a doutrina fiel tenta expressar: Deus é amor, amor infinito e vulnerável, de eternidade a eternidade. À medida que somos despertados com o conhecimento de que somos conhecidos e amados com o amor infinito e vulnerável de Deus, a Sabedoria do Criador desperta em nós, e somos preenchidos com alegre gratidão, graça e profunda humildade. Essa maneira de conhecer o amor no mundo é maravilhosa demais para ser contida em qualquer recipiente de certeza eclesial. Certeza é idolatria. É o terreno fértil para um dogmatismo mesquinho e defensivo que confunde controle e exclusão com fé. Quando a postura da Igreja assume a doutrina como a gramática da certeza, ela começa a empunhar doutrinas de certeza: como a doutrina do inferno e a doutrina do pecado original, como armas para controlar e excluir com os ídolos da certeza.

Já vimos isso acontecer antes.

Em 1493, a Bula Papal conhecida como Doutrina da Descoberta declarou que qualquer terra não habitada por cristãos poderia ser reivindicada por poderes cristãos. Emitida sob a bandeira de Cristo, ela proclamava que "a fé católica e a religião cristã sejam exaltadas e em toda parte aumentadas e difundidas, que a saúde das almas seja cuidada e que as nações bárbaras sejam derrotadas e trazidas à própria fé". Essa doutrina grave forneceu justificativa teológica para a dominação dos povos indígenas e, mais tarde, tornou-se uma das justificativas fundamentais para o tráfico transatlântico de escravos. O que começou como uma afirmação batizada de verdade teológica tornou-se um mecanismo para colonialismo, conquista e apagamento. Quando a doutrina é desvinculada do amor, ela se torna não um canal de graça, mas uma fonte de grave injustiça, não apenas para os seres humanos, mas para todas as coisas da criação.

Quando a Igreja perde a memória de como sua fé foi forjada na oração, nas lágrimas, no anseio, no canto, ela começa a preservar a doutrina não como testemunho, mas como arma que será usada contra todas as coisas da criação. Ela se esquece de que suas doutrinas mais verdadeiras foram inicialmente sussurradas com admiração e amor, não gritadas com exclusão e controle.

É por isso que São Francisco de Assis ensinou que a terra, as árvores, os animais, as estrelas falam a linguagem do louvor sem palavras. Muito antes de a Igreja codificar a doutrina, canonizar as Escrituras e forjar os Credos, a criação já cantava, toda a criação já conhecia a gramática do amor. Quando a Igreja se esquece disso, esquece seu lugar no coro da criação.

Sem a totalidade da criação, não temos acesso a Deus, pois a própria criação é o meio pelo qual o divino se revela. Sem o testemunho da criação, perdemos não apenas a capacidade de ver Deus, mas também a própria capacidade de sermos plenamente humanos. A criação está intrinsecamente ligada à gramática do amor. A própria Palavra que trouxe a criação à existência pelo sopro da boca de Deus é a Sabedoria do Criador (Provérbios 8), que cria um mundo imbuído da Sabedoria d'Aquela que é, o Espírito que derrama a energia do amor de Deus em e sobre todas as obras do Criador.

Este futuro não é simplesmente a esperança da criação, é a própria esperança de Deus. O futuro de Deus está ligado à renovação da criação, e o florescimento da criação é a alegria da realização de Deus.

E como ensina Simone Weil, o verdadeiro conhecimento começa com a atenção. "A atenção é a forma mais rara e pura de generosidade", escreveu ela em *Esperando por Deus* . Quando deixamos de estar atentos a Deus, ao próximo, aos pobres, à criação ferida, começamos a falar mentiras, especialmente quando nossos credos são usados como se permanecessem permanentemente fixos. Esquecemos que os credos nunca foram pensados para fechar mentes, mas para abrir corações, corações sintonizados com um amor que está sempre se revelando, sempre nos conduzindo mais para dentro do mistério de Deus.

A doutrina divorciada da atenção torna-se uma linguagem de fé sem compaixão. Mas há outro caminho, e este livro foi uma jornada em direção a ele. A doutrina que é inspirada pelo Espírito, formada na oração, testada no fogo do amor e aberta na esperança sempre se curvará em direção à vida. Não precisamos rejeitar a doutrina. Precisamos nos lembrar de como orá-la. Precisamos reaprender a ouvir, a falar na linguagem do amor.

Toda a doutrina, portanto, deve ser orientada para este futuro: uma esperança viva que já respira o presente. O Espírito não é apenas a fonte da vida, mas também aquele que atrai toda a criação para o amor deificante de Deus. A própria criação é convidada à comunhão, não como pano de fundo, mas como participante.

Quando a Igreja se esquece dessa esperança voltada para o futuro, suas doutrinas esfriam. Mas, quando ela se lembra, suas doutrinas se tornam cânticos de nova criação, sacramentos de transformação, ecos da alegria que está por vir e, em Cristo, já está aqui.

Uma bênção e promessa final

A todos que trilharam esta jornada pela fé e doutrina, que esta obra seja uma palavra de bênção:

Que sua fé esteja sempre enraizada na oração, despertada pelo amor e estendida tão ampla, profunda e alta quanto o infinito e vulnerável amor de Deus, que é de eternidade a eternidade.

Que você possa ouvir profundamente os gemidos do Espírito em toda a criação; pois nos suspiros mais profundos do Espírito, profundos demais para palavras, você ouvirá de um "profundo chamando outro profundo" o convite para ir onde a cura, a esperança e a paz são mais necessárias.

Ouça o Espírito trazendo o Criador para perto de você. E lembre-se de que nem mesmo as Escrituras podem conter a plenitude do amor infinito e vulnerável de Deus. No entanto, elas continuam sendo um meio de graça, a dádiva do Espírito para nos ajudar a ouvir através dos tempos e lembrar quem somos, e de quem somos, à medida que viemos de Deus e retornamos para casa, para Deus.

Ouça a criação. Este é o lugar onde o Criador habita e este é o lugar onde você e todas as coisas da criação compartilham da glória e do amor do Criador. E este é o lugar onde você encontrará com alegria a realização da esperança e do desejo do Criador e o anseio de toda a criação de dançar em alegria eterna na casa de Deus.

Ouça os santos e os estrangeiros ao seu redor. Ofereça a alegria da hospitalidade a todas as coisas da criação e esteja preparado para ser surpreendido pela alegria, assim como o Criador foi tomado por uma alegria extática quando o Verbo criou o mundo pela primeira vez.

E que todo o nosso trabalho fiel em aprender a falar as palavras de amor surpreenda até mesmo a Deus novamente, à medida que toda a criação retorna para casa, não com as mesmas palavras emprestadas de gerações passadas, mas com novas, repletas do tipo de doxologia e amor que deu origem à criação.

Que suas doutrinas nunca se endureçam em pedras de exclusão, mas permaneçam como testemunhos vivos, abertos pelo temor, aquecidos pela compaixão e transfigurados pela esperança.

Que a tua memória fiel seja terna. Que a tua visão seja ampla e suave. E que a tua confiança seja destemida, para que o teu amor se torne tão infinito e vulnerável quanto Aquele que é, por natureza, amor infinito e vulnerável.

Pois Aquele que é Amor não os deixará órfãos e sem guia. Aquele que prometeu é fiel para garantir que cheguemos ao nosso fim, onde possamos começar a falar tão fielmente quanto Aquele que é Amor.

"O Espírito não nos deixará errar o caminho da providência", declara Charles Wesley. E, como Elizabeth Johnson nos ensinou, Aquela Que É, o Espírito, o Senhor e doador da vida, é Aquela que capacita o Criador a falar a Palavra pelo sopro da boca de Deus e infundir em cada recanto da Criação a Sabedoria do Criador. Sim, este Espírito que conduz e guia toda a criação ao longo do caminho no Caminho, na Verdade e na Vida da Palavra que trouxe a criação à existência é a mesma Palavra boa que se fez carne e continua a manter todas as coisas da criação unidas em seu Corpo. Aquela Que É, a Sabedoria da criação (Provérbios 8), é sempre fiel em "provocar o bem" (John Lewis) até que sejamos despertados para a Sabedoria do amor infinito e vulnerável do Criador, de eternidade a eternidade: "quando nos elevamos em amor renovado, nos assemelharemos à imagem do Deus Trino por toda a eternidade" (Charles Wesley).

A promessa daquele que cumpre as promessas é esta: Deus será tudo em todos, e o amor infinito e vulnerável que é Deus terá a Palavra final para nossa fiel gramática de amor.

E assim, assim como começamos este livro com uma oração, vamos fechá-lo com uma oração, juntamente com a antiga Oração Cristã:

Vinde Espírito Santo e acendei em nós o fogo do vosso amor.
Senhor, confiamos em ti! Cura a nossa incredulidade que nos apega
a todas essas crenças idólatras de certeza.
Pegue nossas mentes e pense nelas.
Desperte e renove nossas mentes com a mente de Cristo para que
possamos confiar em você a fé e a fidelidade de nosso Senhor.
Pegue nossos lábios e fale através deles.
Dai-nos a fé que fala com a Sabedoria de toda a criação, a gramática
do Amor.
Agora, pegue nossas almas e coloque fogo nelas.
Encha-nos com a energia do seu amor infinito e vulnerável, que é
de eternidade a eternidade.
Amém.
Graças a Deus.
Soli Deo glória!

Poslúdio
Não causar danos

Este livro foi escrito logo após minha destituição, alguns anos após meu afastamento da tradição eclesiástica na qual fui ordenado por quarenta anos. Optei por não nomear a denominação aqui. Fazê-lo desviaria a atenção do espírito deste livro, que não busca ferir, mas testemunhar, oferecer uma gramática do amor que fale a verdade com misericórdia, e misericórdia com clareza. Meu objetivo é não causar dano. Mas amor não significa silêncio. Amar é falar a verdade, com fé, com a voz que Deus lhe deu.

Por quatro décadas, ensinei a fé e a fidelidade de Cristo, proclamando o Evangelho como boas novas para toda a criação. Dediquei minha vida a nutrir a doutrina como um testemunho vivo e pulsante do futuro de Deus em desenvolvimento, a doutrina como uma linguagem da graça moldada pelo Espírito, não uma arma de controle. Ensinei em quatro instituições de ensino desde minha jovem tradição eclesiástica, ainda em seus primórdios, apenas começando seu segundo século de tentativas de descobrir o que significa ser a Igreja Católica e como navegar fielmente pela fé, pela doutrina e pelo amor infinito e vulnerável. Tenho tentado mostrar que a doutrina não é fixa ou universalmente a mesma em todos os tempos e lugares. A doutrina é um cântico do Espírito, que surge da energia do amor infinito e vulnerável de Deus, um amor que geme e suspira através da história e em cada fragmento da realidade, sempre nos atraindo para a Nova Criação.

Por fim, essa visão, há tanto tempo nutrida e tão claramente fundamentada na Igreja Católica, não foi mais bem-vinda. E assim, minha ordenação foi realizada. Mas mesmo em meio a essa dor, não levanto a voz com raiva. Este livro não é minha defesa. A melhor defesa é confiar no amor infinito e vulnerável de Deus. É um trabalho de amor, uma oferta, um testemunho, uma semente semeada em benefício daqueles que estão por vir.

E eles estão chegando. Por quarenta anos, fiquei em pé e sentado diante dos rostos de milhares de estudantes, vozes frescas do futuro de Deus. Eles vieram com perguntas, admiração, resistência, anseio. Neles, vi o Deus do nosso futuro chegando. Ao olhar em seus olhos, vi promessa e desilusão. Muitas vezes, a desilusão era a dissonância entre o que eles viam no mundo, em suas tradições eclesiásticas e o que vislumbravam do futuro para o qual haviam chegado. Como uma promessa de Deus, vi a fé em Cristo assumindo nova carne, uma gramática de amor sendo formada novamente. Eles estavam falando uma linguagem de amor vinda diretamente do futuro. A Nova Criação continuava vindo através deles. O que vi neles, não posso deixar de ver; o que ouvi, não posso deixar de ouvir.

Então, preste atenção a eles. Ouça o Espírito respirando em suas vidas. Eles vão tirar o seu fôlego e lhe devolver o seu futuro.

Uma palavra para meus alunos
Falando na Gramática do Amor

Aos meus alunos que se sentiram confusos, desorientados ou até mesmo alienados pelas doutrinas da Igreja: permitam-me repetir o que sempre lhes disse: prestem atenção ao amor infinito e vulnerável de Deus que vive em vocês. O Espírito que pulsa e respira em vocês é o sopro de Deus. Respirem profundamente e falem a partir desse lugar. Falem a gramática do amor que já está viva em vocês, esperando para ser contada. Contem a sua história, não apenas mais uma versão da história de outra pessoa. Que nenhuma instituição eclesial roube a sua voz; elas precisam ouvir a sua maneira de ver tanto quanto vocês precisam se manter conectados a elas.

Lembre-se: a sabedoria que ressoa pelo universo é o Verbo, o *Logos*, que se fez carne e habitou entre nós, cheio de graça e verdade. Surpreendentemente, este Verbo não é uma ideia, um conceito ou uma categoria. O amor infinito e vulnerável que é Deus é sempre maior do que qualquer ideia da nossa imaginação. Este Verbo vivo, respirante e criador é uma Pessoa. E a única maneira de conhecer a Verdade que é o Verbo é ser encontrado pelo amor infinito e vulnerável de Deus.

Como disse John Milbank, quando você ouve a Palavra Estranha, você deve responder com sua própria palavra, ou você ainda não ouviu nada.

Lisa Isherwood ecoa esta percepção: precisamos aprender a "tornar queer as Escrituras". Torná-lo queer é perceber o que é estranho, original e perturbador no amor e, então, falar com nossas próprias vozes queer para o resto do mundo ouvir. Visto que cada um de nós é uma imagem original e irrepetível da Trindade, distinta, porém formada em unidade relacional, nossa fala deve ser igualmente única, como a voz do Pai, do Filho e do Espírito Santo.

Devemos falar não apenas sobre Deus, mas de dentro da vida de Deus, em vozes que ressoem com a música irrepetível do nosso próprio ser. Deus anseia por ouvir as nossas vozes mais novas tanto quanto nós ansiamos por ouvir as de Deus. Juntos, e surpreendentemente, estamos participando da criação de todas as coisas novas na Nova Criação.

Agora, aqui está o meu ponto: pela vida do mundo, deixe que o amor infinito e vulnerável de Deus expulse seus medos e lhe dê a coragem do amor para falar com sua voz única, original e irrepetível, uma palavra de amor estranhamente nova e peculiar, para esticar e expandir nossas mentes e imaginação e abrir espaço em nossos corações para o futuro de Deus e para toda a criação.

Há quase um século, Alfred North Whitehead alertou sobre a "falácia da concretude deslocada", que confunde nossa experiência ou linguagem limitada com a verdade universal. O Cânone Vicentino, "em todos os lugares, sempre e por todos", não é uma conquista histórica, mas uma esperança escatológica. Com muita frequência, as igrejas presumiram que sua voz era universal, silenciando todas as outras. Mas a Sabedoria de Deus, que se fez carne e agora mantém toda a criação unida, já está falando em uma cacofonia de vozes. Precisamos ouvir.

E lembre-se: o Pentecostes foi uma cacofonia. Muitas vozes, muitas línguas, todas inflamadas pelo Espírito. Foi desorientador, estranho, esquisito, e alguns pensaram que estavam bêbados. Quando a linguagem da Nova Criação chega, ela sempre soa bizarra para aqueles que a ouvem pela primeira vez.

Imitar a Cristo não basta. Precisamos falar Cristo de novo. Somente quando falarmos com o fogo que tocou nossos lábios, começaremos a falar de novo com a gramática do amor infinito e vulnerável. Até Jesus disse que faríamos coisas maiores do que Ele. Essa promessa não é arrogância, é a alegria surpreendente de um Deus que se deleita em nossas vozes.

James McClendon certa vez intitulou um livro de *"Biografia como Teologia"*, refletindo como nossas histórias moldam nossa visão e voz teológica. Deus conta a Sua história por meio de nossas vidas. O silenciamento dessas histórias é uma ferida no Espírito. O que me levou à destituição foi precisamente esta convicção: a de que a doutrina fiel deve renascer em cada voz, em cada geração, em cada língua. Essas histórias inovadoras da Nova Criação mostram como a Igreja vive a promessa do futuro de Deus e de toda a criação.

"Orar e Amar", de Roberta Bondi, me ensinou essa valiosa pedagogia da narrativa. Como estudiosa da patrística e teóloga espiritual, ela percebeu que a fé dos Padres e das Mães da Igreja é melhor ensinada por meio de histórias. E assim, ela começou a ensinar teologia por meio da narrativa, porque nossas histórias são a história de Deus sendo contada. Essa percepção reformulou meu ensino e confirmou o que eu havia intuído há muito tempo: a doutrina fiel, como gramática do amor de Deus, se materializa em nossas vidas.

John Wesley, sempre o teólogo da *Theologia Practica*, nos lembrou que a fé, a esperança e o amor não devem apenas ser falados, mas também criar raízes no solo da criação. A doutrina não é uma abstração flutuando sobre o mundo. É uma semente semeada na terra de nossas vidas, regada por lágrimas, despertada pelo Espírito. Wesley sabia o que os místicos sabiam: o amor perfeito lança fora o medo, porque o amor perfeito entra na carne.

E, no entanto, a Igreja institucional frequentemente separou a criação da nova criação, como se o céu e o inferno fossem lugares distantes, em vez de realidades presentes que se intrometem. Dessa dicotomia idolatricamente certa, torna-se fácil dizer: "Você não pertence". Por exemplo, quando a Igreja institucional bifurca o céu da terra, como se dissesse que a glória futura o aguarda no céu, se você se conformar à nossa maneira de ver, falar e crer. Essas falsas dicotomias transformam o medo em uma arma, silenciando vozes com a ameaça do inferno.

Em outras palavras, quando nos afastamos da bondade original da criação e presumimos que toda a criação depende da Queda da criação e da pecaminosidade original de todos feitos à imagem de Deus, então é fácil construir um sistema pseudodualista de crença que diz: Acredite e você pertencerá.

Mas a Boa Nova de Cristo diz que todos pertencem. Nossa pertença não se baseia em nossa crença. Pertencemos a Deus porque Deus nos ama. Não acreditamos pertencer a Deus. A Fé do Evangelho declara o que Cristo nos ensinou a orar: que o Reino Amado de Deus está na terra como no céu. Tudo pertence porque não há separação, nem divisão, nem nós e eles, na casa (*oikodome*) de Deus. Todos são atraídos para o amor de Deus. Este é o refrão constante de todos os místicos. Nicolau de Cusa escreveu: "A máquina do mundo terá seu centro em todos os lugares e sua circunferência em nenhum lugar, porque seu centro e circunferência são Deus, que está em todos os lugares e em nenhum lugar". Da mesma forma, Evelyn Underhill nos lembra que Deus é amor infinito, o centro de tudo e a circunferência de nada.

Esta é a essência da fé da Igreja: testemunhar e participar do amor infinito e vulnerável de Deus, de eternidade a eternidade.

Então, deixo vocês com isto: Não façam mal. Mas não fiquem em silêncio. Digam a sua palavra. Contem a sua história. Respondam fielmente à Palavra que se fez carne em vocês com suas estranhas e estranhas palavras de amor que estão se tornando carne na glória futura da Nova Criação.

E que o Espírito, "Aquela que é", Sabedoria, sopro, fogo e alegria, incendeie seu coração com uma gramática de amor fiel, singular, gloriosamente viva e totalmente surpreendente para o Criador e tudo o que Deus criou. Amém.

Uma bibliografia selecionada

Abraham, William J. 1998. *Canon and Criterion in Christian Theology: From the Fathers to Feminism*. Oxford: Oxford University Press.

Abraham, William J., Jason E. Vickers, and Natalie B. Van Kirk. 2008. *Canonical Theism: A Proposal for Theology and the Church*. Grand Rapids: Eerdmans.

Ayres, Lewis. 2004. *Nicaea and Its Legacy: An Approach to Fourth-Century Trinitarian Theology*. Oxford: Oxford University Press.

Balthasar, Hans Urs von. 2008. *Engagement with God: The Drama of Christian Discipleship*. San Francisco, California: Ignatius Press.

_____. 2004. *Love Alone Is Credible*. San Francisco: Ignatius Press.

_____. 1955. *Prayer*. San Francisco: Ignatius Press.

_____. 1983. *The Glory of the Lord a Theological Aesthetics.*: Vol. 1. *Seeing the Form*. San Francisco: Ignatius Press.

Bondi, Roberta C. 1987. *To Love as God Loves: Conversations with the Early Church*. Philadelphia: Fortress.

_____. 1991. *To Pray & to Love: Conversations on Prayer with the Early Church*. Minneapolis: Fortress.

Brueggemann, Walter, and Davis Hankins. 2018. *The Prophetic Imagination*. 40th anniversary edition. Minneapolis: Fortress.

Bromiley, Geoffrey William. 1978. *Historical Theology: An Introduction*. Grand Rapids: Eerdmans.

Catherine of Siena. *The Dialogue of Divine Providence*. (various translations).

Coakley, Sarah. 2013. *God, Sexuality and the Self: An Essay 'On the Trinity'*. Cambridge: Cambridge University Press.

_____. 2002. *Re-Thinking Gregory of Nyssa*. Malden, Mass.: Blackwell.

Coakley, Sarah. 2015. *The New Asceticism: Sexuality, Gender and the Quest for God*. London: Continuum.

Crossan, John Dominic. 2022. *Render unto Caesar: The Struggle over Christ and Culture in the New Testament*. First edition. New York, NY: Harper One.

Epp-Stobbe, Eleanor. 2000. "Practising God's Hospitality: The Contribution of Letty M. Russell toward an Understanding of the Mission of the Church." Dissertation: University of Toronto.

Gorman, Michael J. 2015. *Becoming the Gospel: Paul, Participation, and Mission*. Grand Rapids: Eerdmans.

_____. 2009. *Inhabiting the Cruciform God: Kenosis, Justification, and Theosis in Paul's Narrative Soteriology*. Grand Rapids: Eerdmans.

St. Gregory of Nyssa. 2002. *On God and Christ: The Five Theological Orations and Two Letters to Cledonius*. Trans. by Frederick Williams and Lionel R. Wickham. Crestwood, New York: St. Vladimir's Seminary Press.

_____. 1967. *Ascetical Works*. Trans. Virginia Woods Callahan. Washington, D.C.: Catholic University of America Press.

_____. 1978. *The Life of Moses*. San Francisco: Harper San Francisco.

_____. 2002. *On the Soul and the Resurrection*. Trans. Catharine Roth. Crestwood, N.Y: St. Vladimir's Seminary Press.

Hays, Christopher B., and Richard B. Hays. 2024. *The Widening of God's Mercy: Sexuality within the Biblical Story*. New Haven: Yale University Press.

Hays, Richard B. 2020. *Reading with the Grain of Scripture*. Grand Rapids: Eerdmans.

_____. 2014. *Reading Backwards: Figural Christology and the Fourfold Gospel Witness*. Waco, Texas: Baylor University Press.

Irenaeus. 1992. *Against the Heresies*. Edited by John J. Dillon (*et al.*). Trans. Dominic J. Unger. Ancient Christian Writers. New York: Newman Press.

Isherwood, Lisa, and Elaine Bellchambers. 2010. *Through Us, with Us, in Us: Relational Theologies in the Twenty-First Century*. London: SCM Press.

Jenson, Robert W. 2010. *Canon and Creed*. 1st ed. Louisville: Westminster/John Knox.

John of the Cross. 2012. *Collected Works of St. John of the Cross*. Memphis, TN: Bottom of the Hill Publishing.

Jennings, Willie James. 2020. *After Whiteness: An Education in Belonging*. Grand Rapids: Eerdmans.

Kaur, Valarie. 2020. *See No Stranger: A Memoir and Manifesto of Revolutionary Love*. New York: One World.

Kelly, J. N. D. 2003. *Early Christian Doctrines*. Rev. ed., Peabody, MA: Prince Press.

LaCugna, Catherine Mowry. 1991. *God for Us: The Trinity and Christian Life*. San Francisco: Harper San Francisco.

Lindbeck, George A. 2009. *The Nature of Doctrine: Religion and Theology in a Postliberal Age*. 25th anniversary ed. Louisville: Westminster/John Knox.

Lubac, Henri de, Susan Frank Parsons, and Laurence Paul Hemming. 2006. *Corpus Mysticum: The Eucharist and the Church in the Middle Ages: Historical Survey*. South Bend: University of Notre Dame Press.

McClendon, James Wm. 1990. *Biography as Theology: How Life Stories Can Remake Today's Theology*. New ed. Philadelphia: Trinity Press International.

Míguez Bonino, José. 1983. *Toward a Christian Political Ethics*. Philadelphia: Fortress.

Moltmann, Jürgen. 1977. *The Church in the Power of the Spirit: A Contribution to Messianic Ecclesiology*. Minneapolis: Fortress.

_____. 2015. *The Crucified God*. 40th anniversary edition. Minneapolis: Fortress.

_____. 2020. *The Spirit of Hope: Theology for a World in Peril*. Louisville: Presbyterian Publishing.

_____. 1981. *The Trinity and the Kingdom: The Doctrine of God*. Minneapolis: Fortress.

Moltmann, Jürgen, and Margaret Kohl. 2004. *The Coming of God: Christian Eschatology*. Minneapolis: Fortress Press.

Newman, John Henry Cardinal. 2013. *An Essay on the Development Christian Doctrine*. Lanham: Start Publishing.

Julian of Norwich. (2022). *The Showings: Uncovering the Face of the Feminine in Revelations of Divine Love*. Trans. Richard Rohr. Charlottesville, VA: Hampton Roads.

Patterson, Stephen J. 2018. *The Forgotten Creed: Christianity's Original Struggle against Bigotry, Slavery, and Sexism*. Oxford: Oxford University Press.

Pelikan, Jaroslav. 1971. *The Christian Tradition: A History of the Development of Doctrine*. Chicago: University of Chicago Press.

Pelikan, Jaroslav. 1986. *The Vindication of Tradition*. New Haven: Yale University Press.

Placher, William C. 1994. *Narratives of a Vulnerable God: Christ, Theology, and Scripture*. 1st ed. Louisville: Westminster/John Knox.

Prestige, G. L. 1964. *God in Patristic Thought*. [2d ed.]. London: S.P.C.K.

Rahner, Karl. 1963. *The Church and the Sacraments*. New York: Herder and Herder.

_____. 2001. *The Trinity*. Trans. J. F. Donceel. London: Burns & Oates.

Rahner, Karl, and Johann Baptist Metz. 1968. *Spirit in the World*. Trans. William V. Dych. New York: Herder and Herder.

Russell, Letty M. 1993. *Church in the Round: Feminist Interpretation of the Church*. 1st ed. Louisville: Westminster/John Knox.

Russell, Letty M. (*et al.*). 2009. *Just Hospitality: God's Welcome in a World of Difference*. 1st ed. Louisville: Westminster/John Knox.

Smith, James K. A. 2009. *Desiring the Kingdom: Worship, Worldview, and Cultural Formation*. Grand Rapids: Baker.

Smith, James K. A. 2016. *You Are What You Love: The Spiritual Power of Habit*. Grand Rapids: Brazos Press.

Teresa of Avila. 2025. *The Interior Castle*. Trans. Kieran Kavanaugh, and Otillo Rodriguez. Mahwah, New Jersey: Paulist Press.

Turner, H. E. W. 1954. *The Pattern of Christian Truth: A Study in the Relations between Orthodoxy and Heresy in the Early Church.* New York: AMS Press.

Volf, Miroslav. 1998. *After Our Likeness: The Church as the Image of the Trinity.* Grand Rapids: Eerdmans.

―――――. 2019. *Exclusion & Embrace: A Theological Exploration of Identity, Otherness, and Reconciliation.* Revised and updated edition. Nashville: Abingdon.

―――――. 2021. *The End of Memory: Remembering Rightly in a Violent World.* Second edition. Grand Rapids: Eerdmans.

Wainwright, Geoffrey. 1980. *Doxology: The Praise of God in Worship, Doctrine and Life.* Oxford: Oxford University Press.

Wessel, Susan. 2010. "Memory and Individuality in Gregory of Nyssa's Dialogus de Anima et Resurrectione." *Journal of Early Christian Studies* 18 (3): 369–92.

Williams, Thomas, ed. 2025. *Augustine's 'Confessions': A Critical Guide.* Cambridge: Cambridge University Press.

Williams, Rowan. 2016. *Being Disciples: Essentials of the Christian Life.* Grand Rapids: Eerdmans.

―――――. 2018. *Christ the Heart of Creation.* London: Continuum.

―――――. 2000. *On Christian Theology.* Oxford, UK: Blackwell Publishers.

―――――. 2003. *The Dwelling of the Light: Praying with Icons of Christ.* Grand Rapids: Eerdmans.

―――――. 2007. *Tokens of Trust: An Introduction to Christian Belief.* Louisville: Westminster/John Knox.

Wright, N. T. 2013. *Christian Origins and the Question of God,* Vol. 4: *Paul and the Faithfulness of God.* Minneapolis: Fortress.

―――――. 2007. *Surprised by Hope.* London: SPCK.

Young, Frances M., and Andrew Teal. 2010. *From Nicea to Chalcedon: A Guide to the Literature and Its Background.* Second Edition. Grand Rapids: Baker Academic.

Zizioulas, John D. 1985. *Being as Communion: Studies in Personhood and the Church*. Crestwood, N.Y.: St. Vladimir's Seminary Press.

Zizioulas, John D., and Luke Ben Tallon. 2011. *Eucharistic Communion and the World*. London: Continuum.

Índice

Certeza   10
Amor   1-140

* Para leitores que ficaram confusos com o índice, o autor recomenda reler o livro.

www.ingramcontent.com/pod-product-compliance
Lightning Source LLC
LaVergne TN
LVHW051103080426
835508LV00019B/2042